FRANZ G. BLATTNER

PROVA DI STAMPA

IL MIGLIOR STRUMENTO PER VALUTARE LA QUALITÀ DI STAMPA SU AMAZON KDP

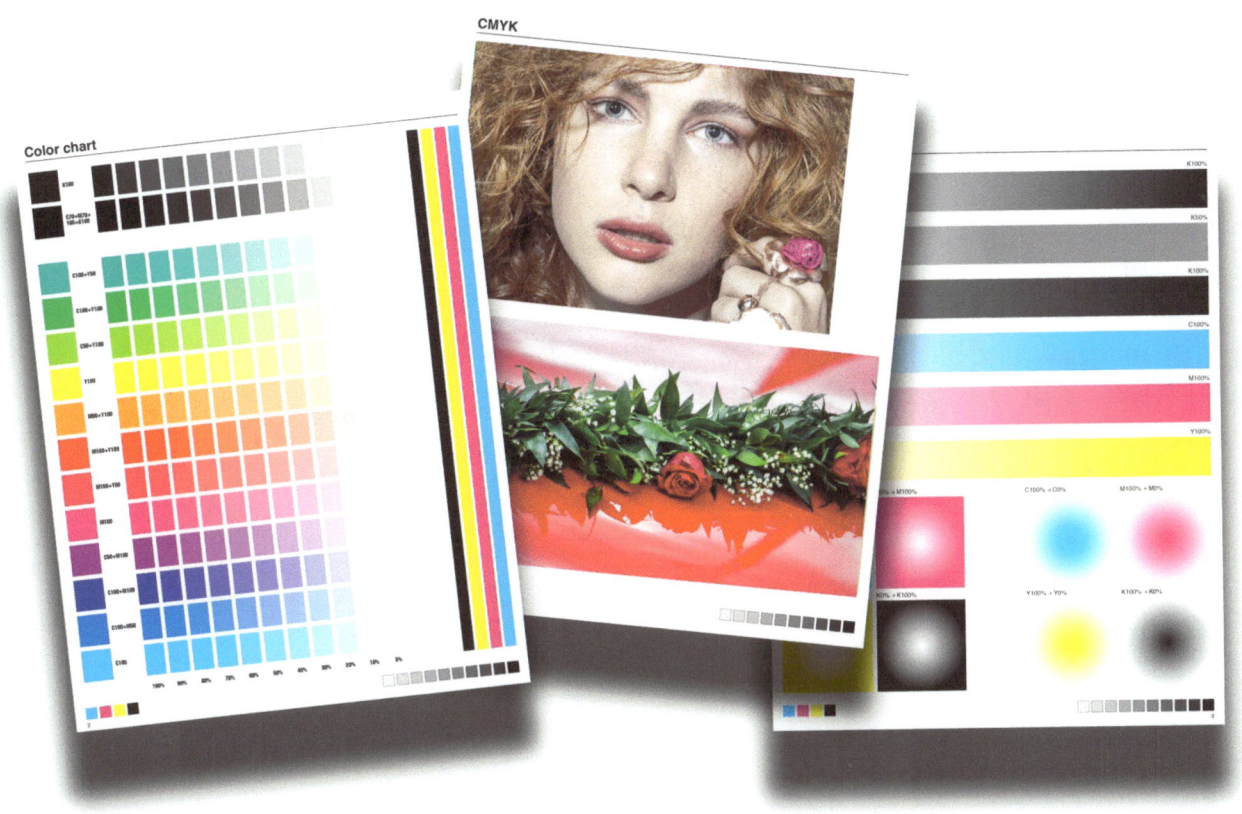

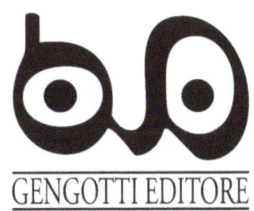

Gengotti Editore

Questo fascicolo, realizzato per verificare la qualità di stampa di Amazon, è stampato su carta da 100 grammi (copertina 220 grammi con plastificazione opaca), utilizzando i macchinari da stampa digitali in diversi stabilimenti Amazon (Germania, Polonia, Italia, Stati Uniti, India, Giappone) a seconda dal paese dove viene ordinato. L'informazione sul luogo di stampa di questa singola copia, si può trovare a pagina 42.

Tutte le immagini, a 300 punti, sono state impaginate nelle due versioni RGB e RGB convertito a CMYK senza profilo colore, in quanto i profili vengono automaticamente cancellati dal sistema di stampa. Completano il volume test di stampa colore e testi sia in nero che in bianco scavato su nero 100% e nero 400%, in modo da poter verificare la qualità del registro.

Sono in preparazione una serie di volumi per testare i formati di stampa disponibili, con la stampa ad un colore.

PROVA DI STAMPA
© 2021 GENGOTTI EDITORE
MONZA
ALL RIGHT RESERVED
Versione 6.1.0421

ISBN: 9798719758992
POD BY AMAZON

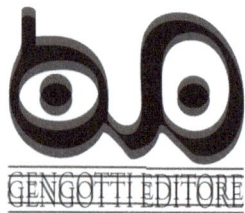

GENGOTTI EDITORE

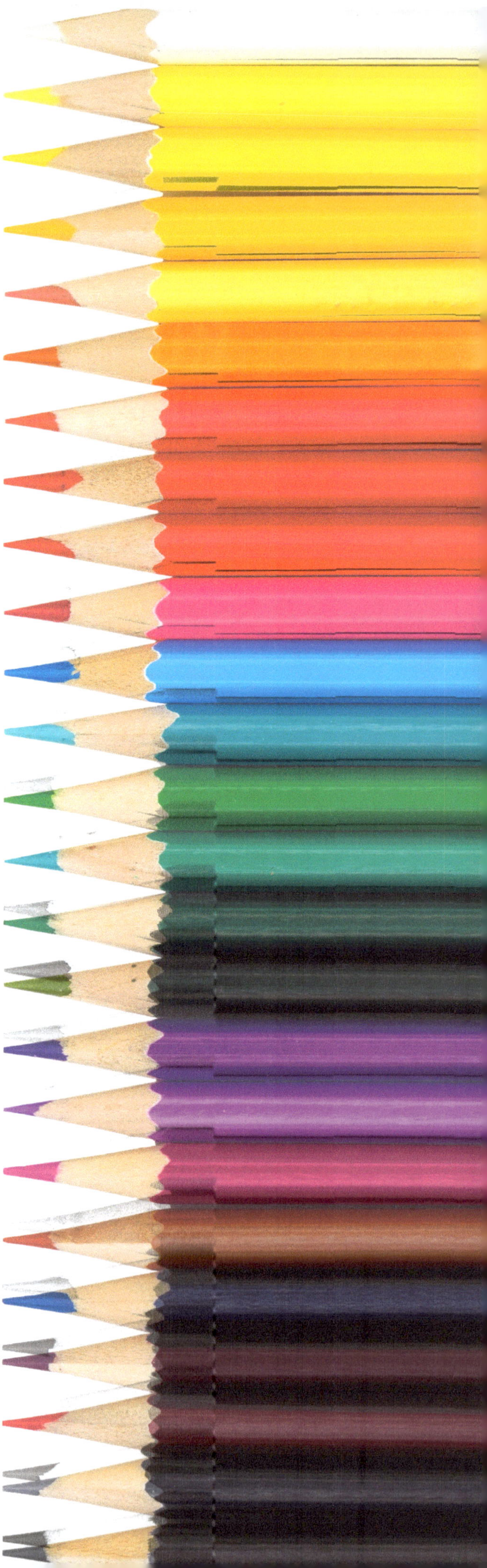

Crediti fotografici

Guillermo Gavilla
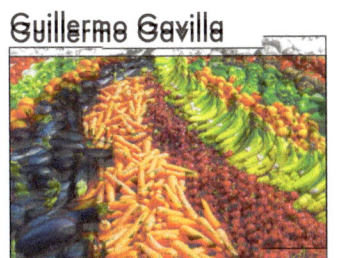

Mac231
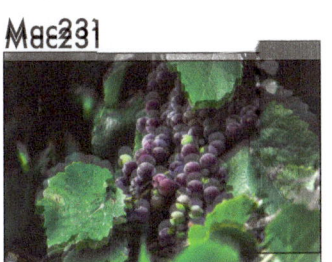

Dorota Kudyba
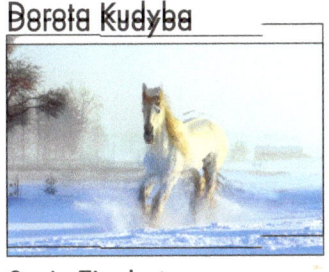

Sasin Tipchai
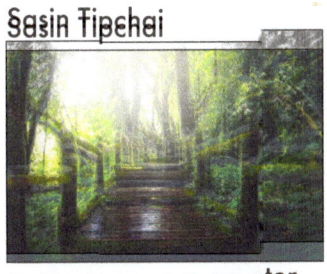

S. Hermann & F. Richter
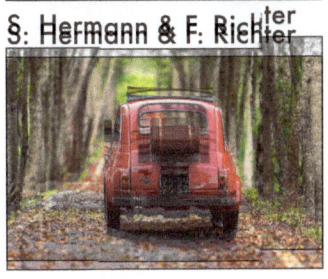

Cico Zeljko
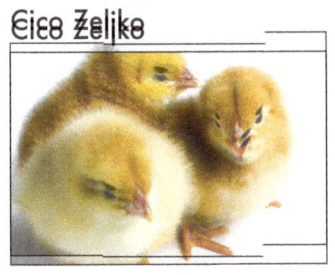

Engin Akyurt
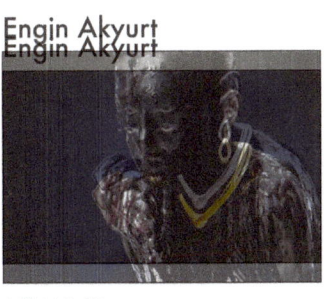

Jill Wellington
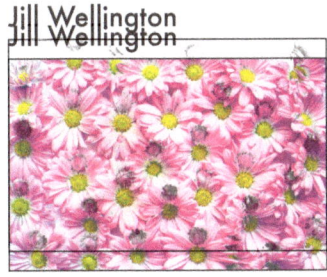

Comfreak
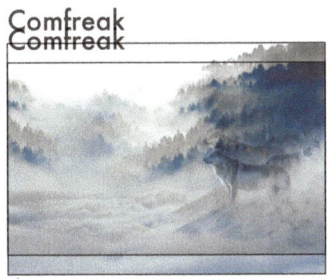

Annca
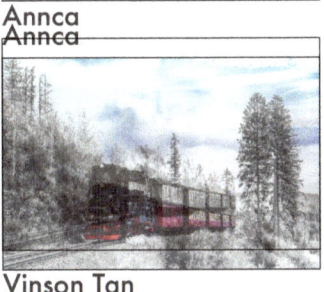

Vinson Tan
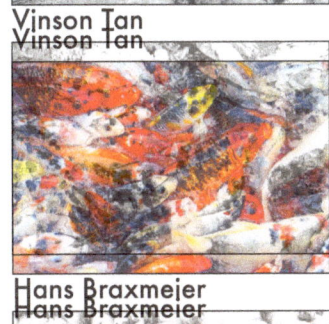

Hans Braxmeier
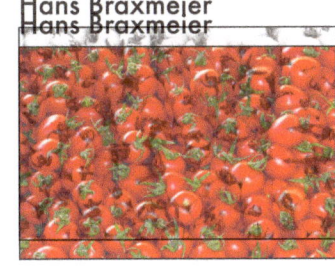

Alexandr Ivanov
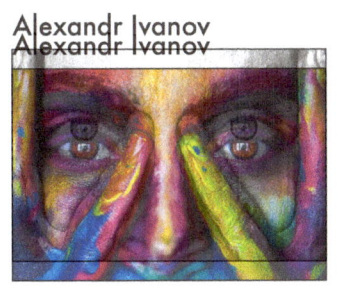

Aline Ponce
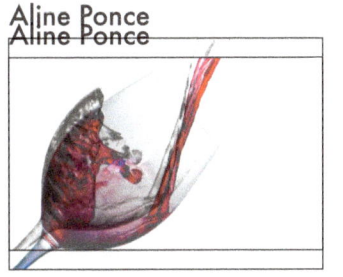

Engin Aykurt
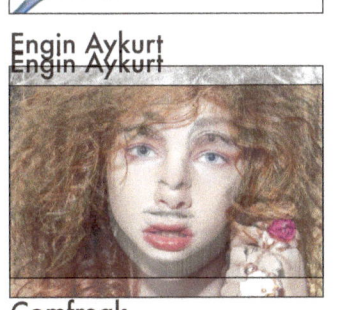

Comfreak
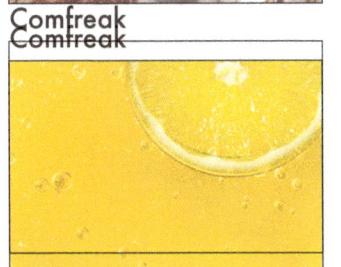

Marco Maraviglia
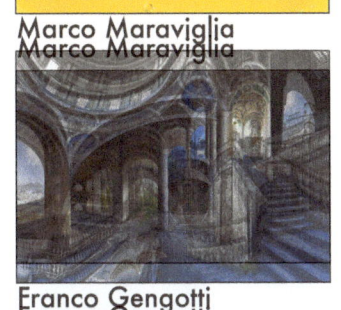

Franco Gengotti
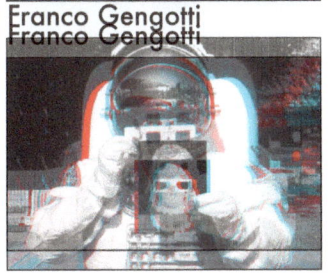

Wilbert Rodriguez
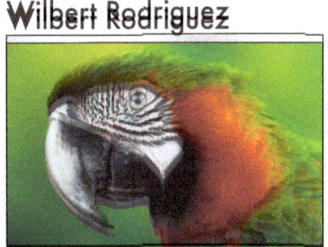

Elisa Andernach
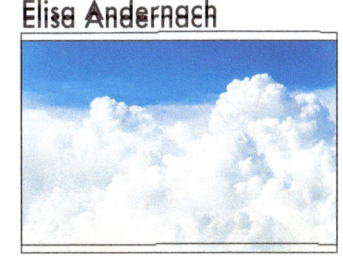

Igor Mattio
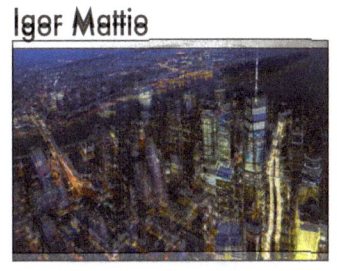

Elisa Andernach
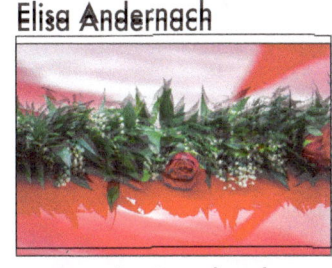

Raimondo Giamberduca
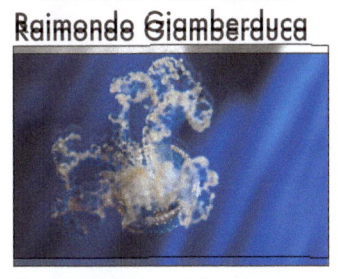

Franco Gengotti
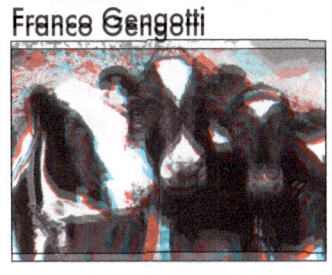

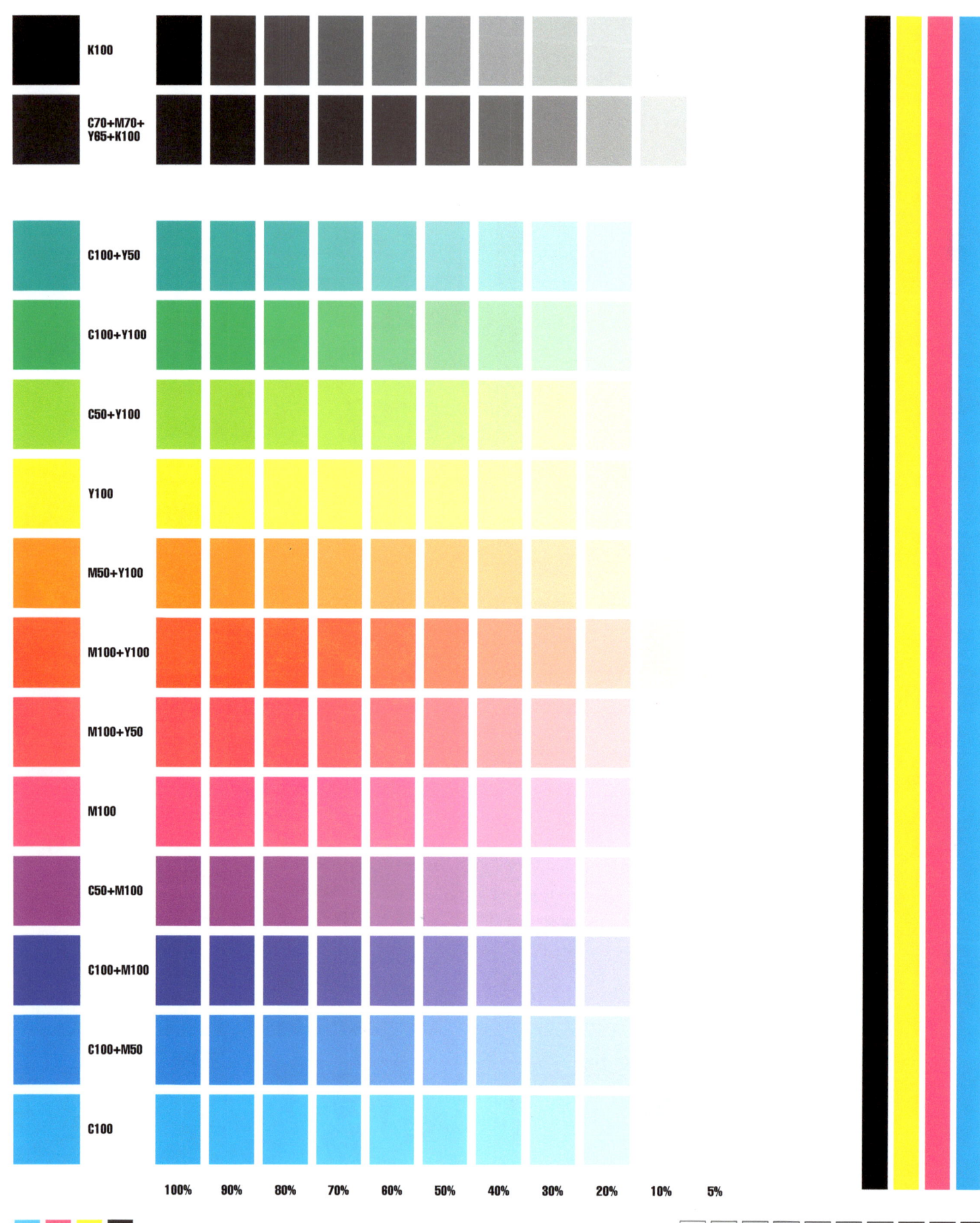

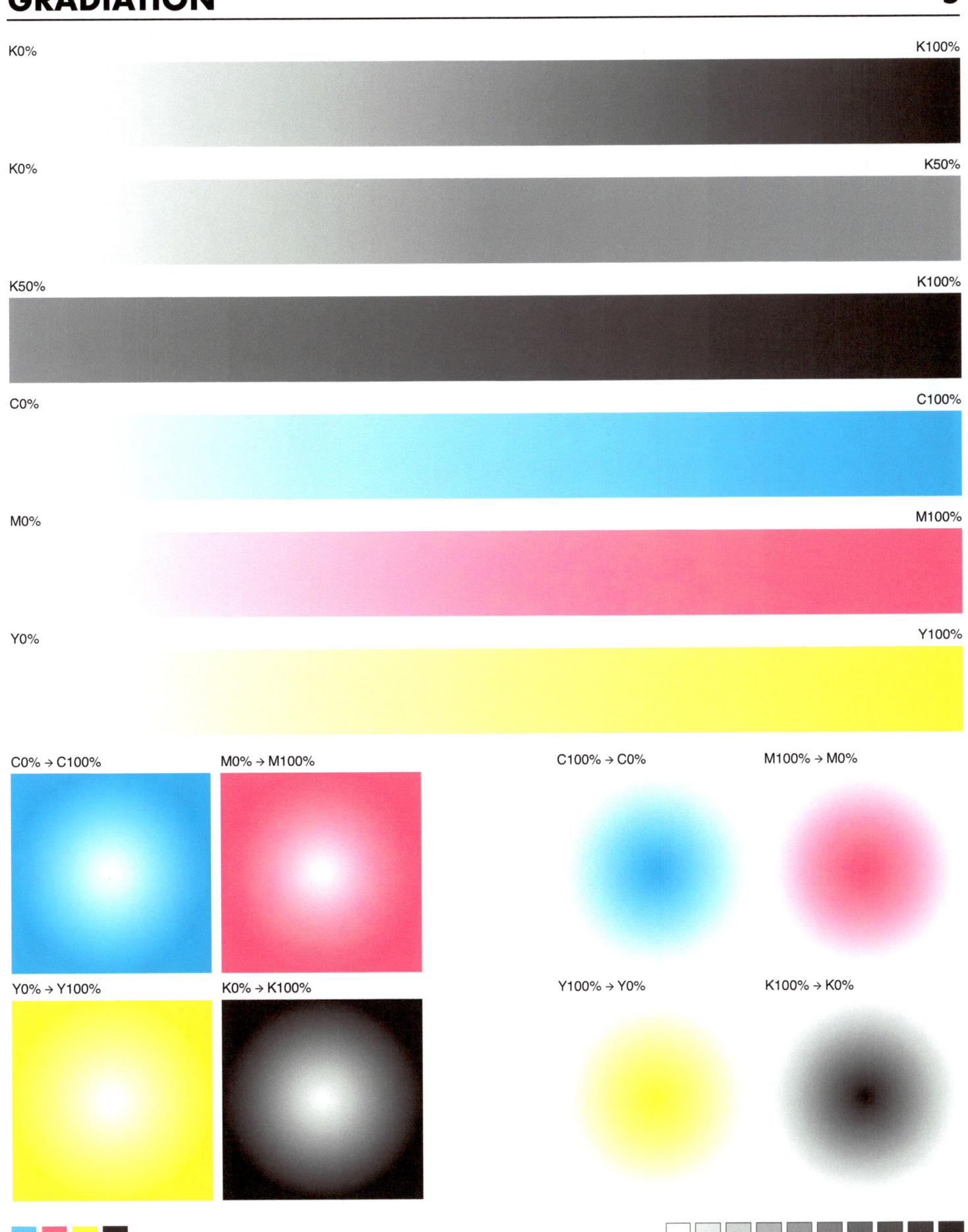

RGB

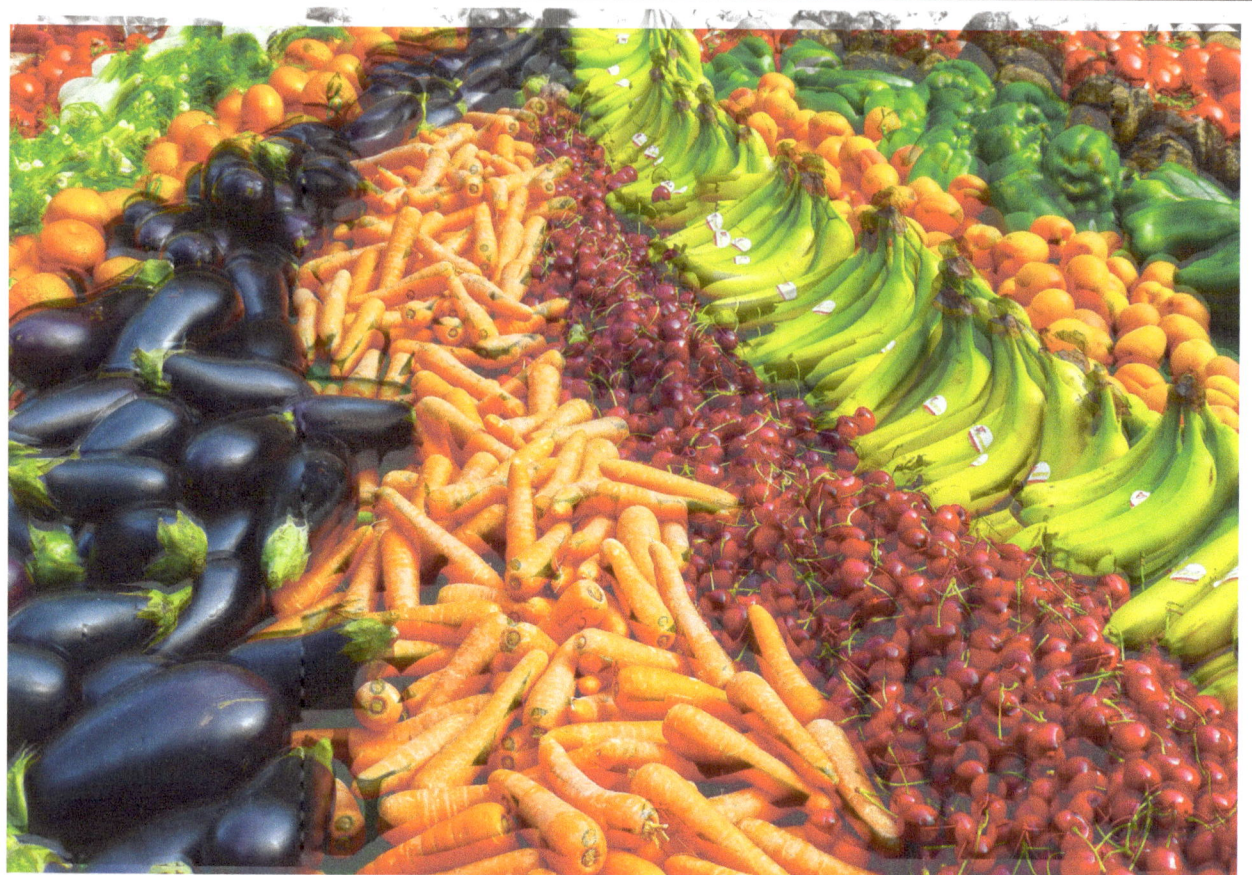

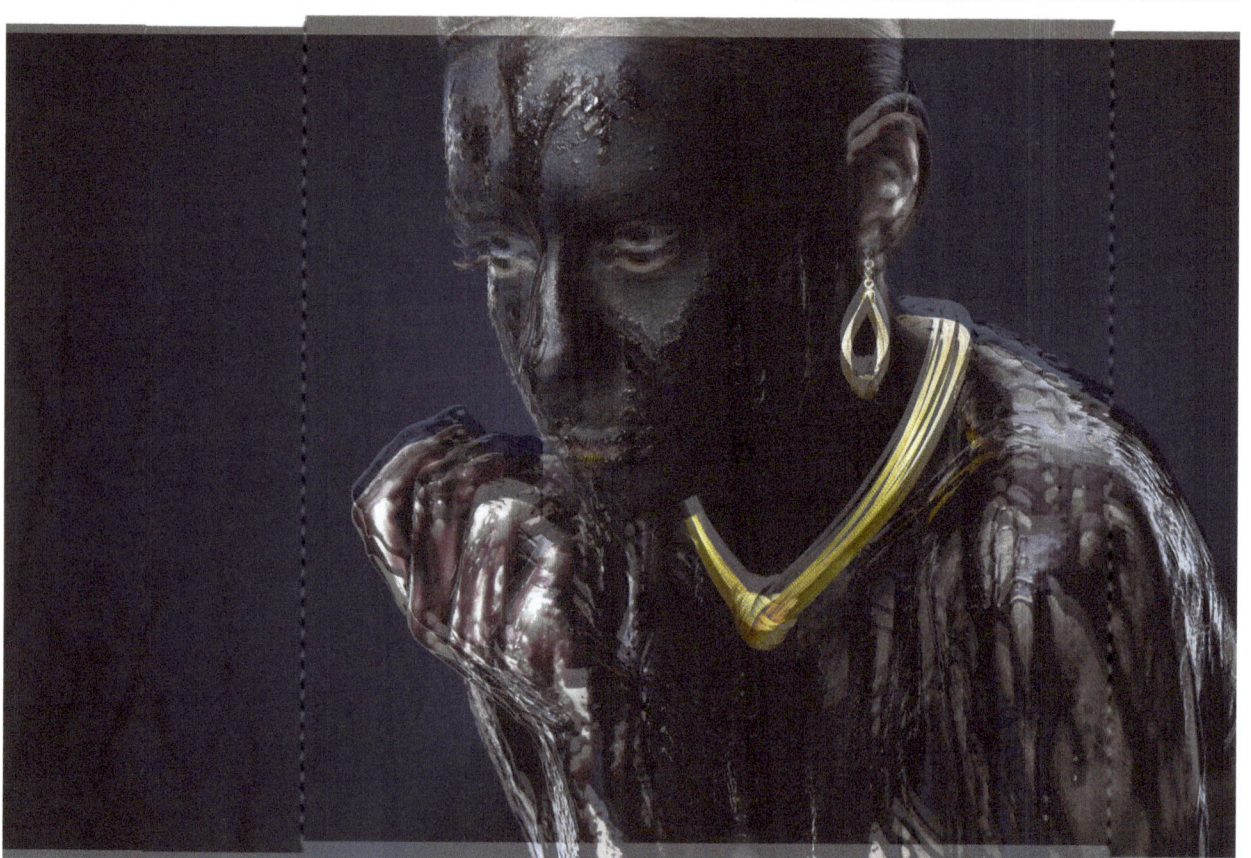

CMYK

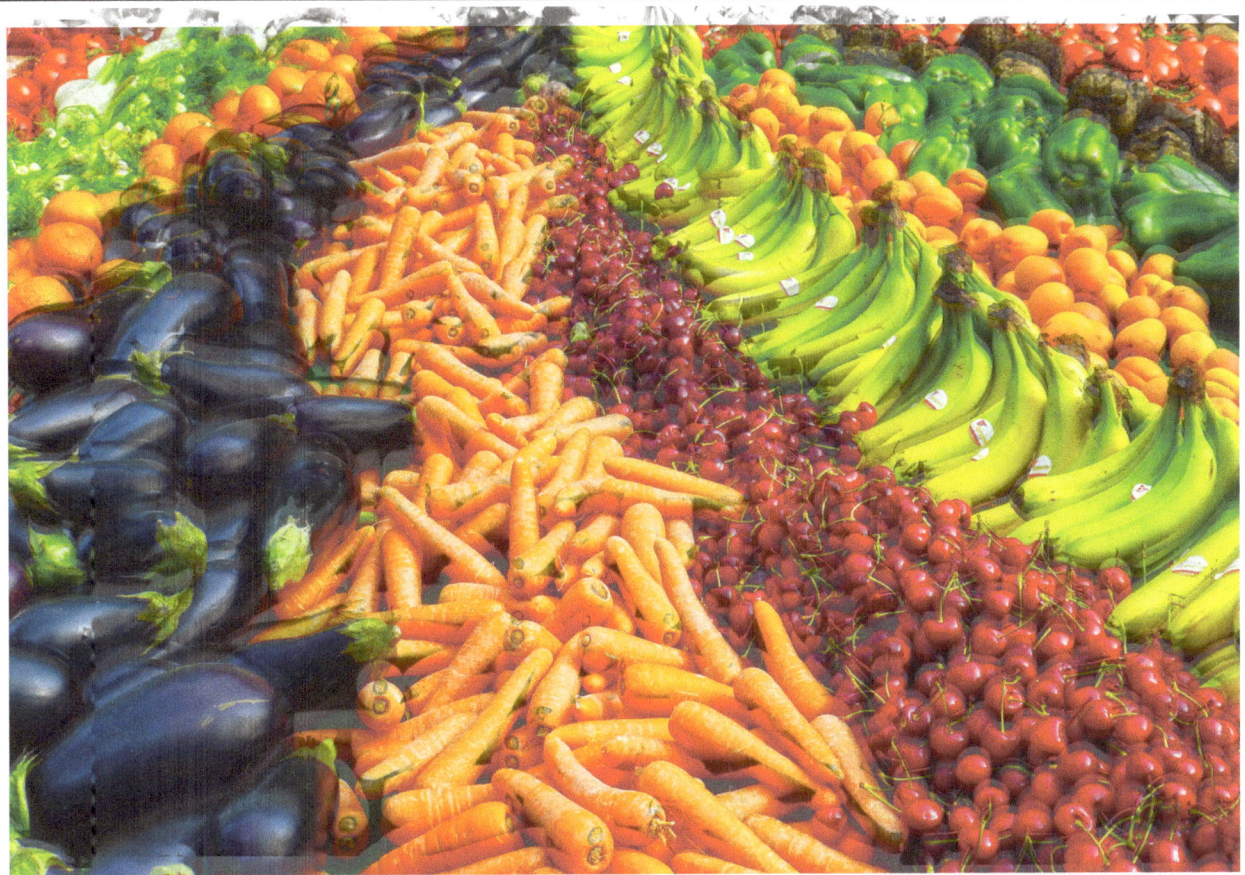

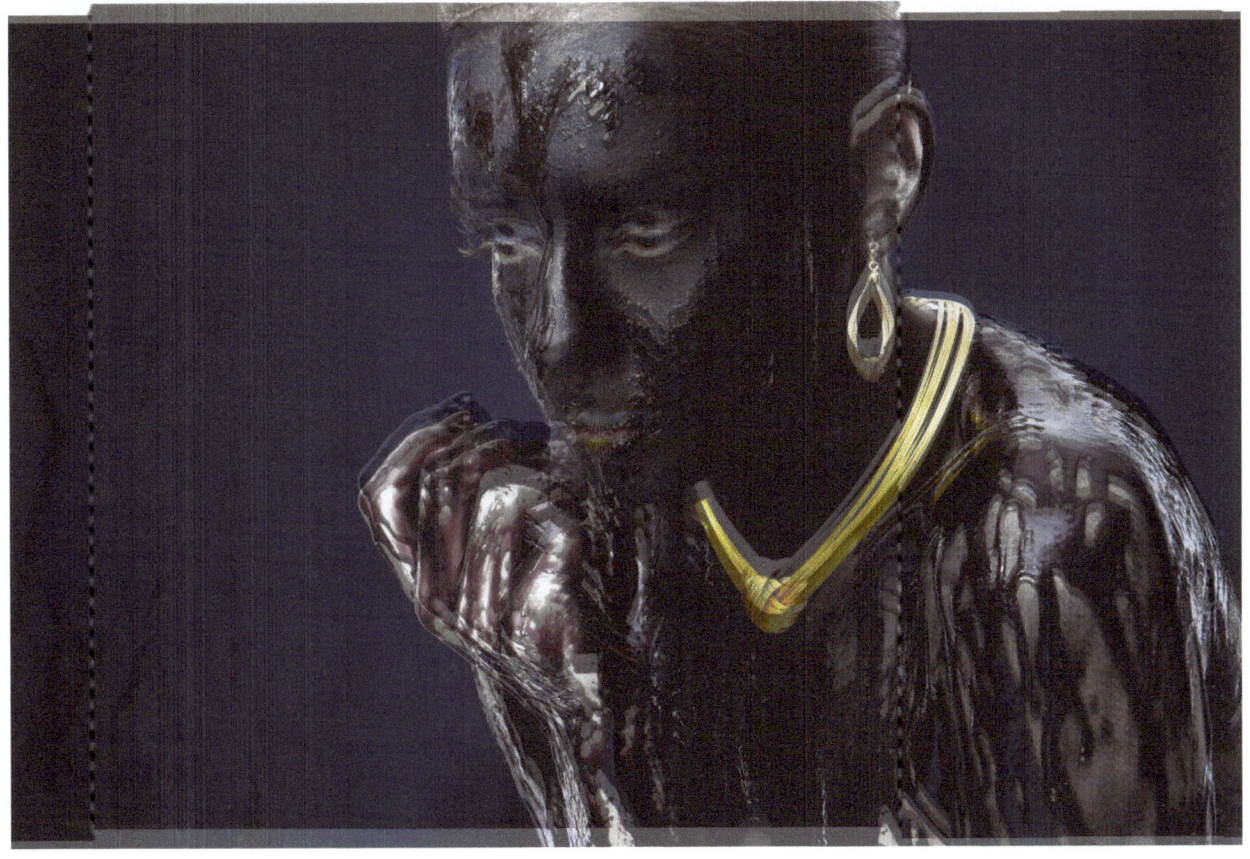

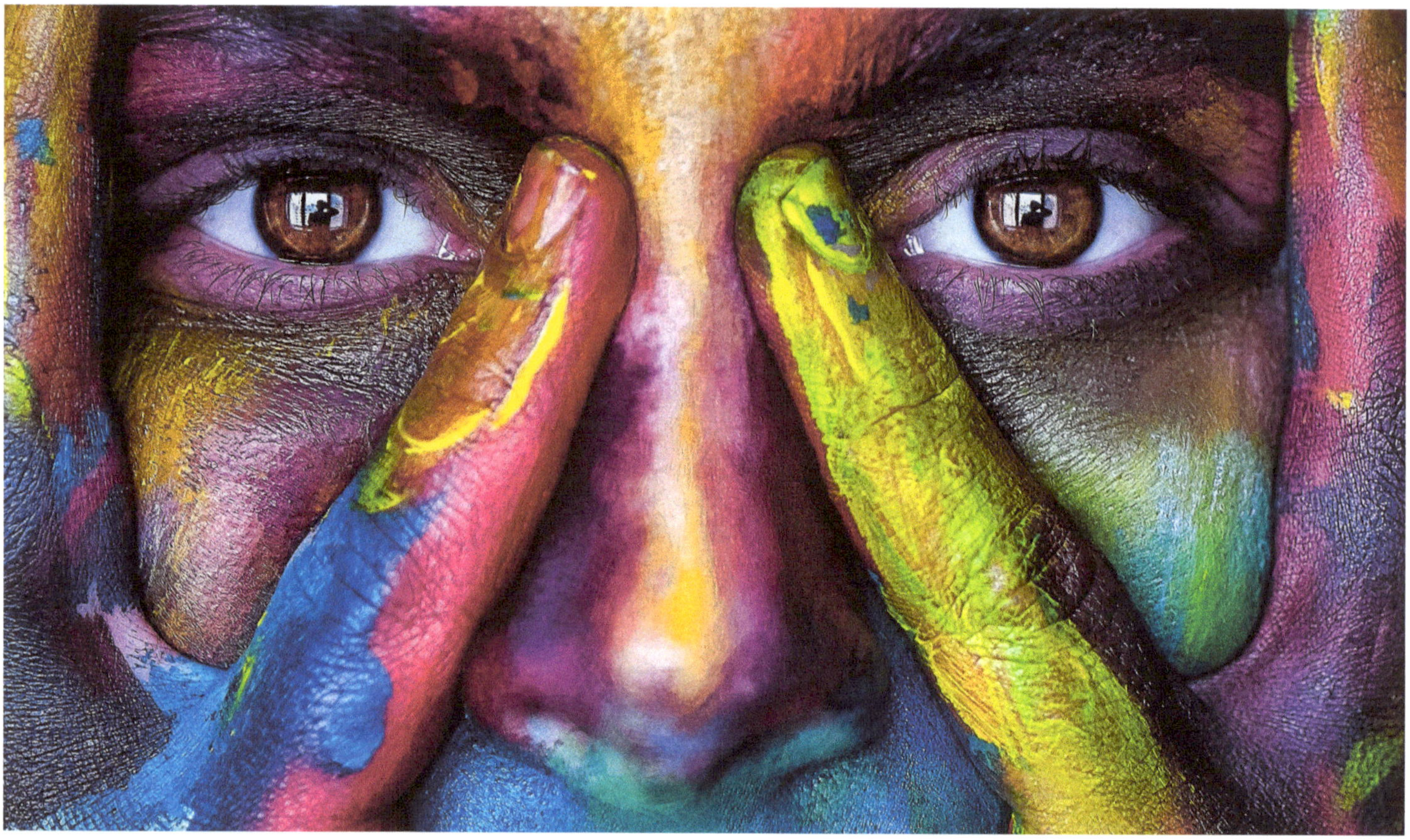

RGB

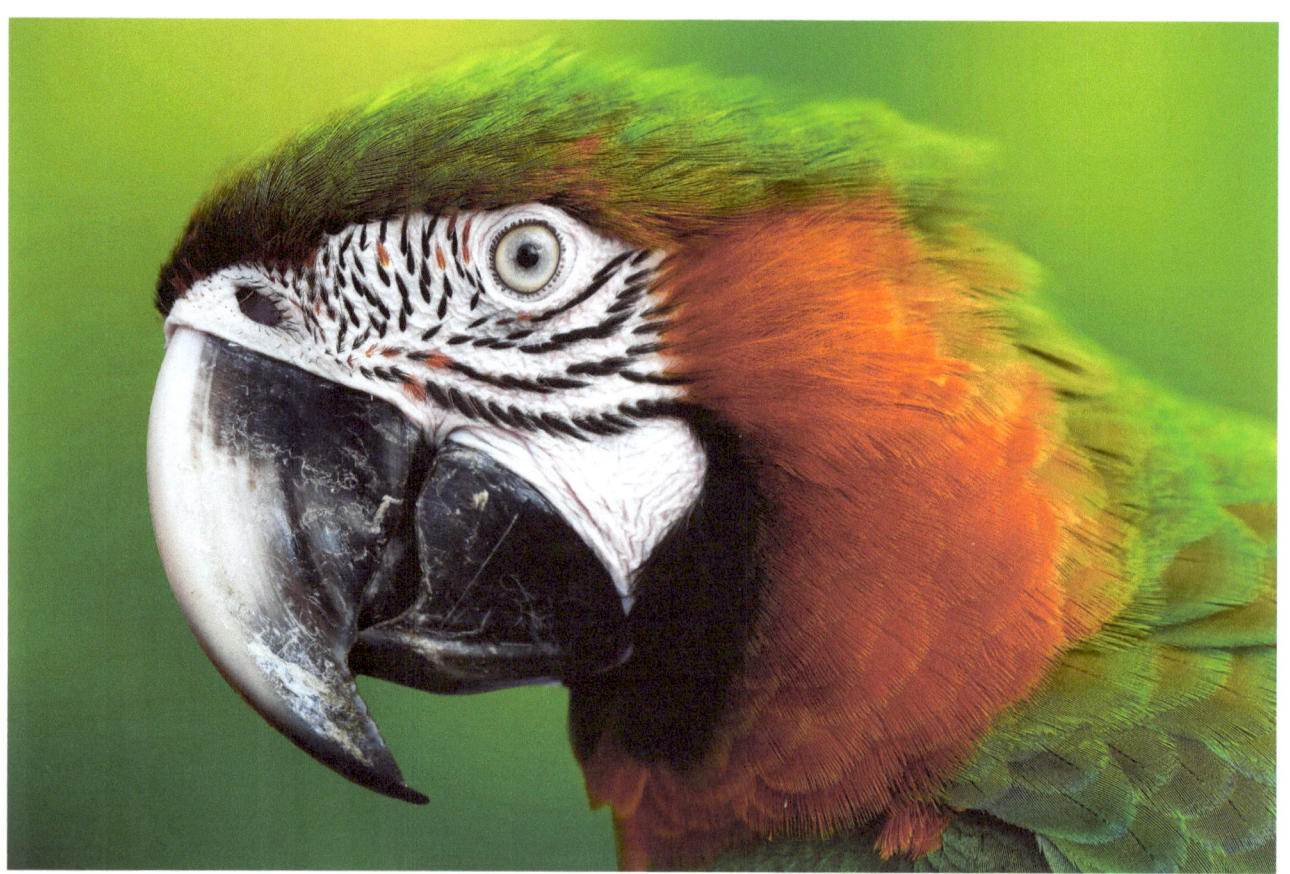

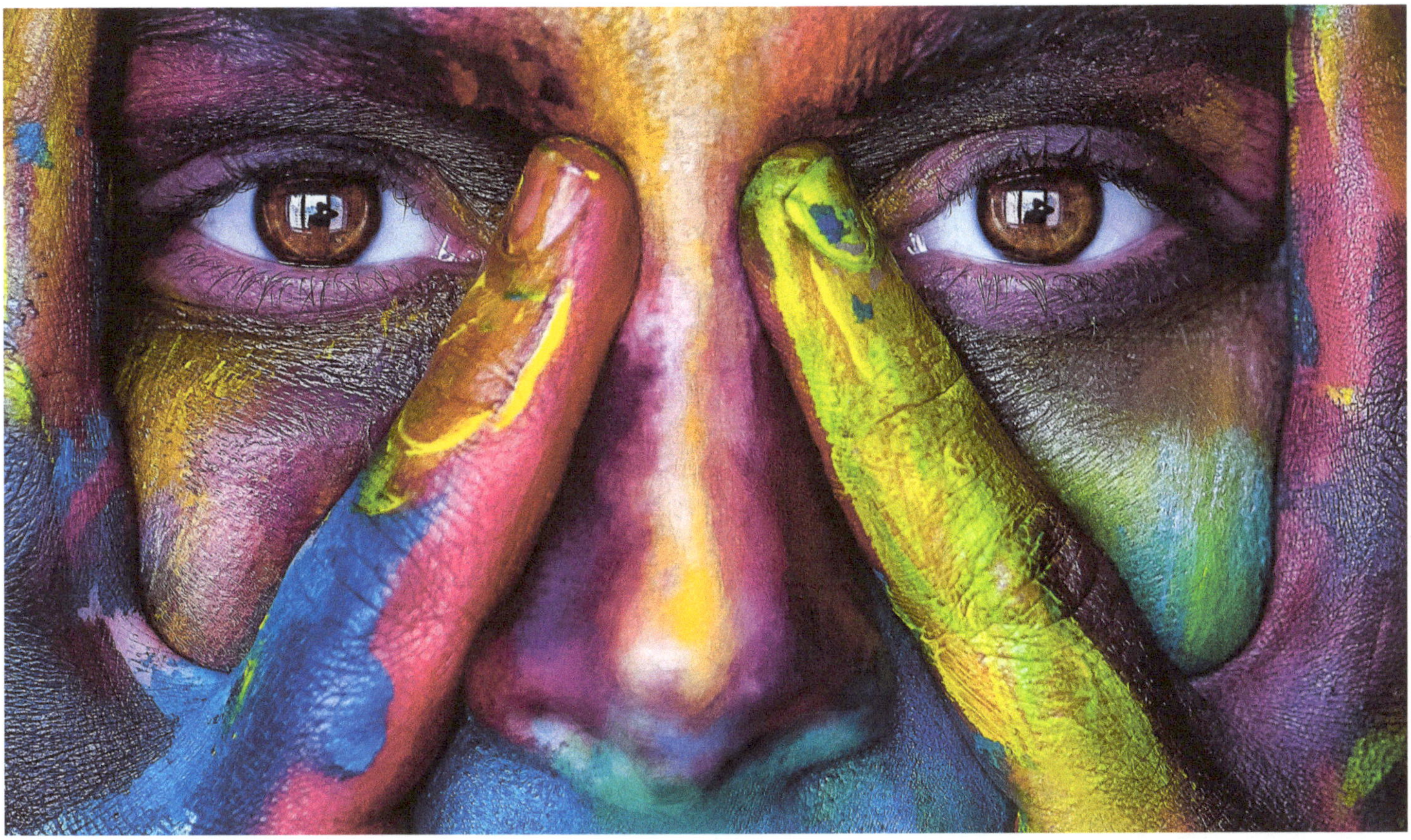

CMYK

9

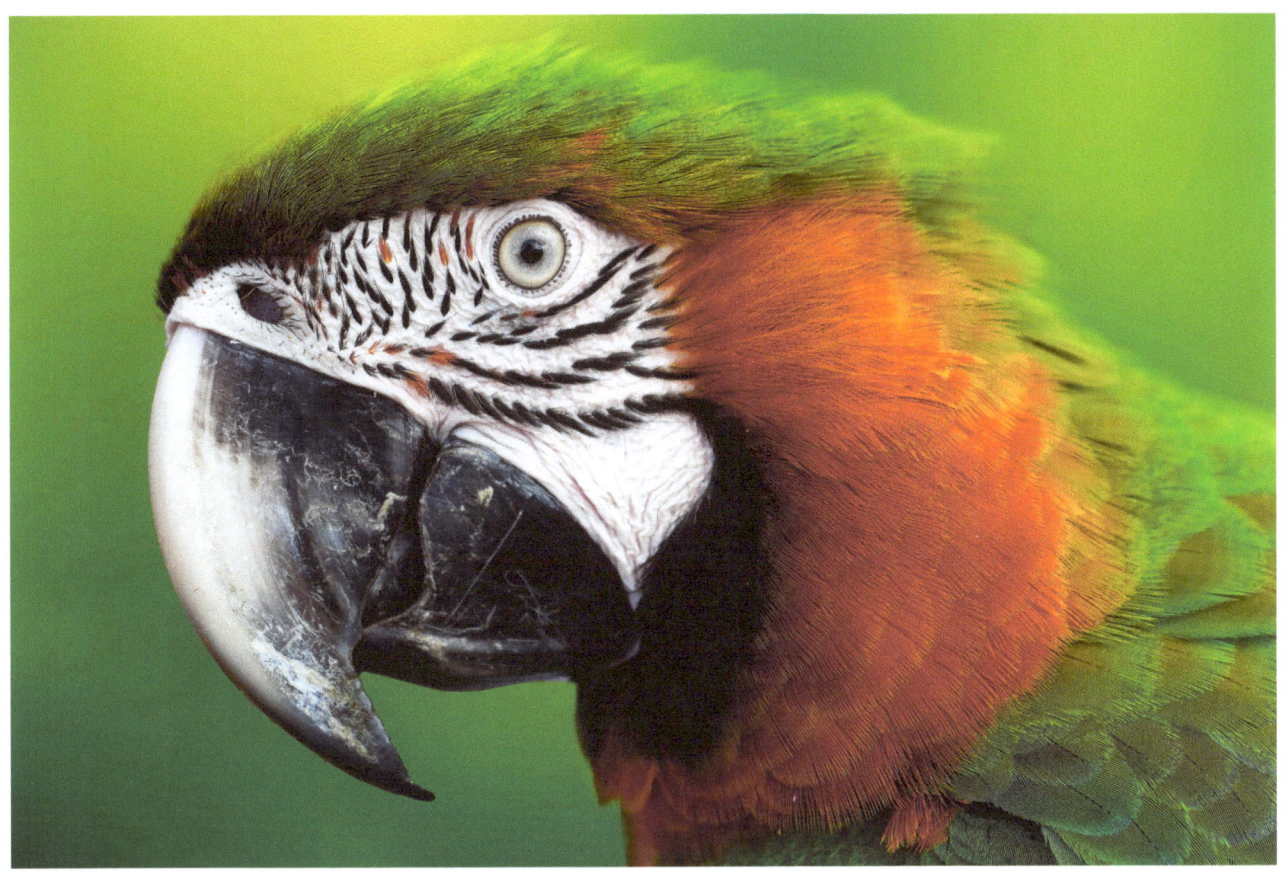

RGB

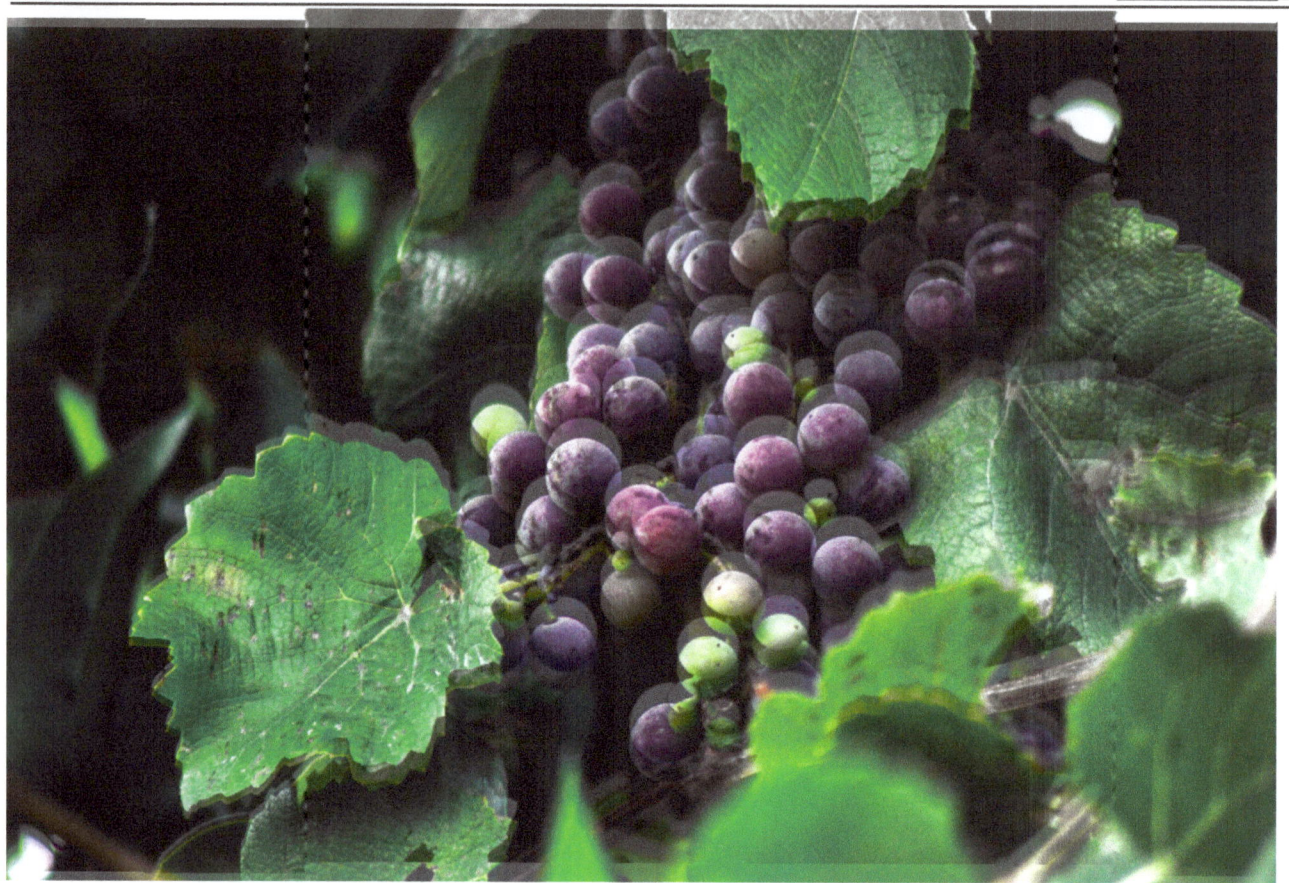

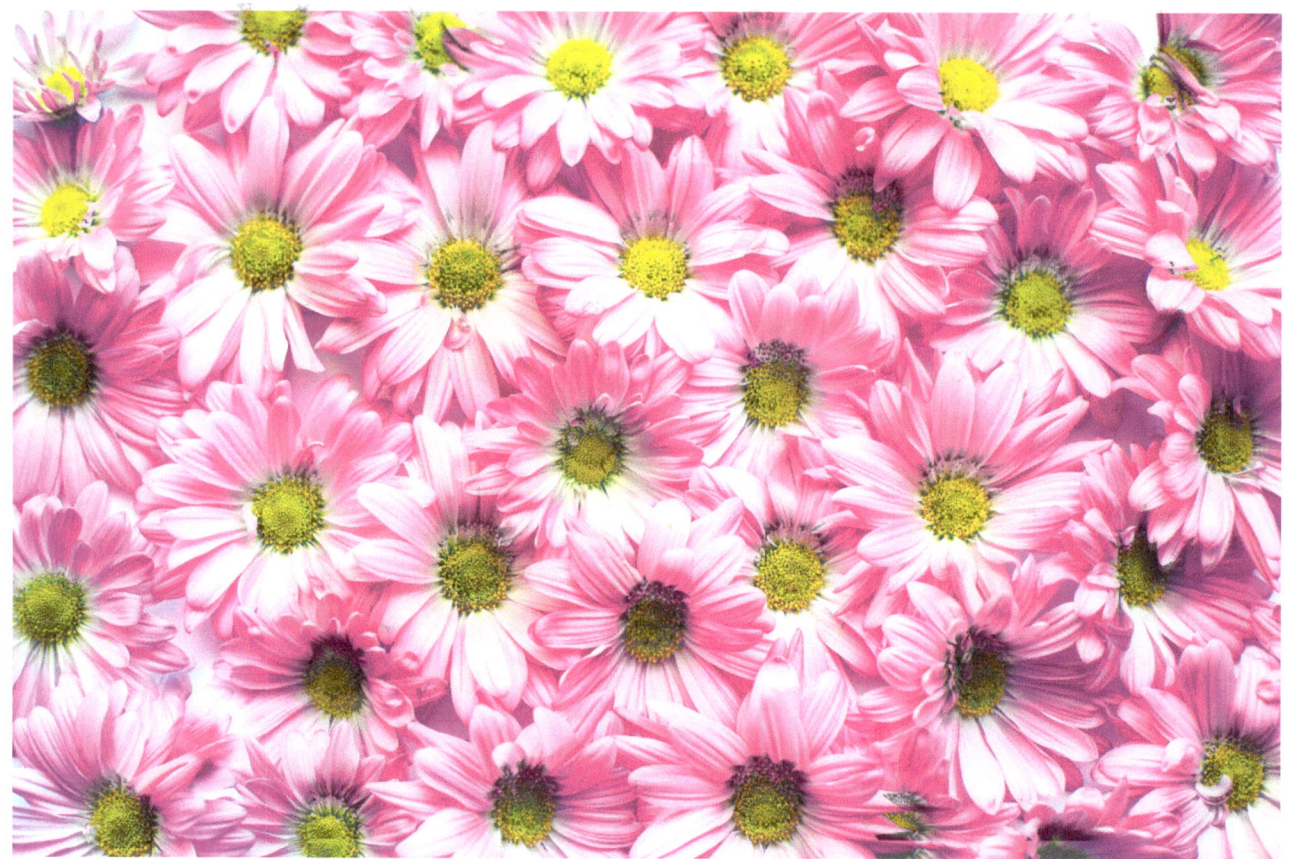

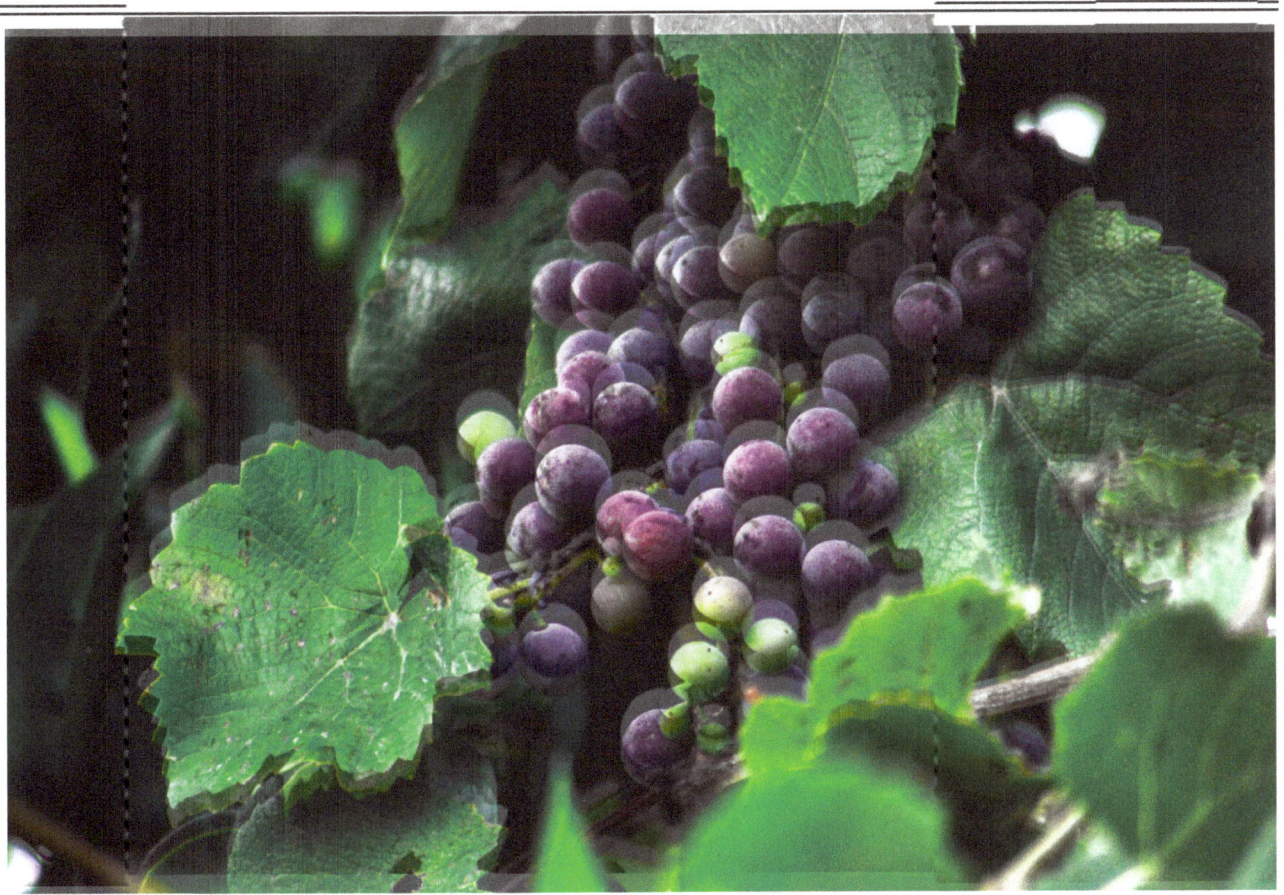
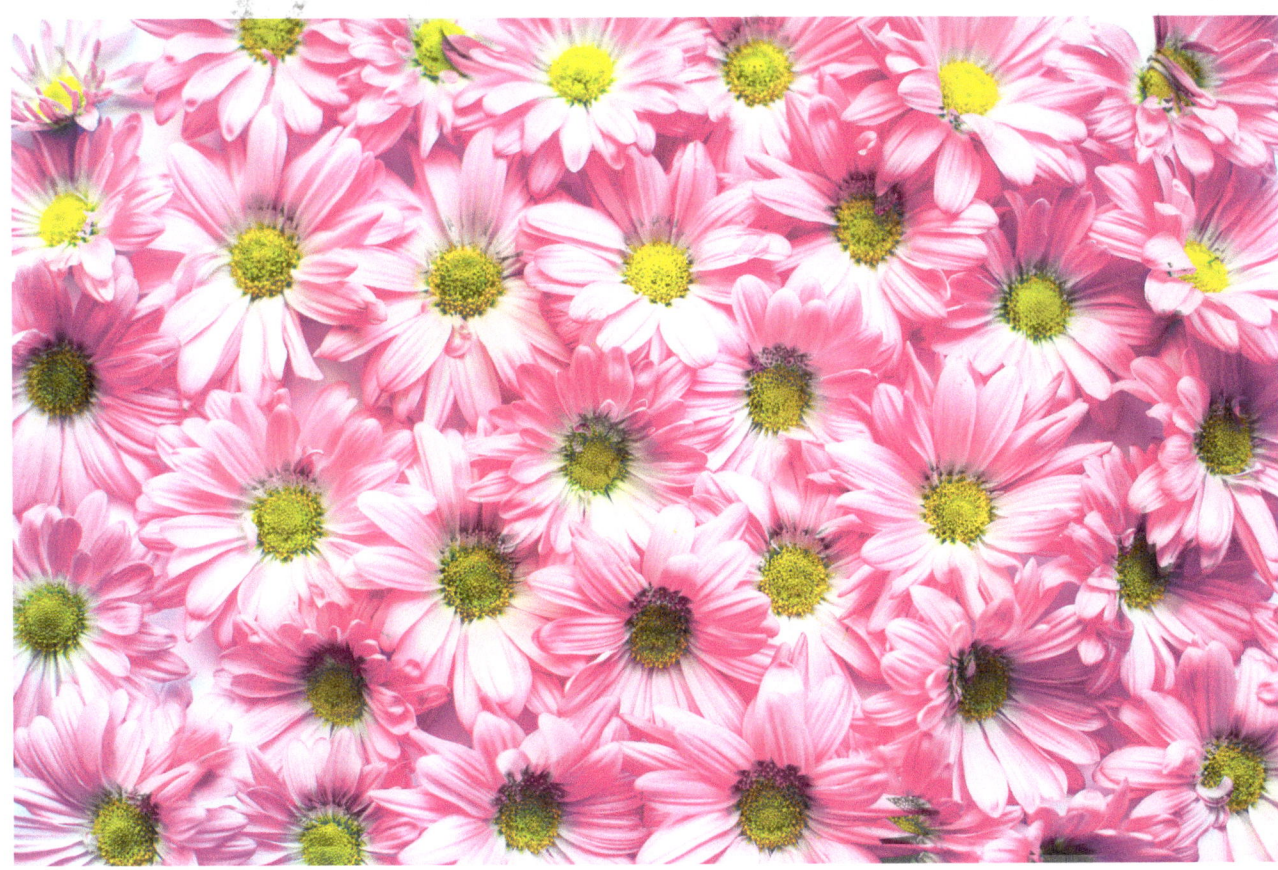

RGB

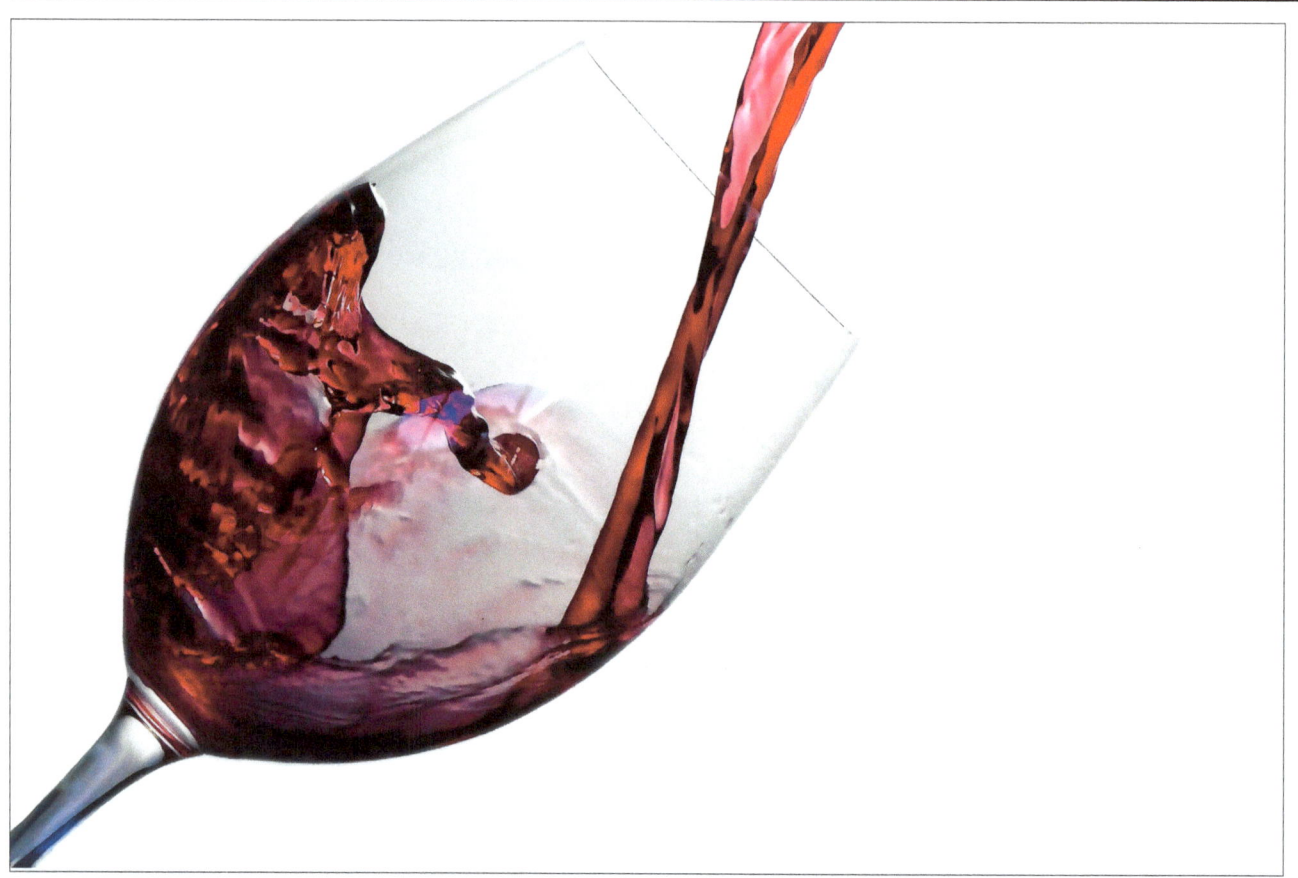

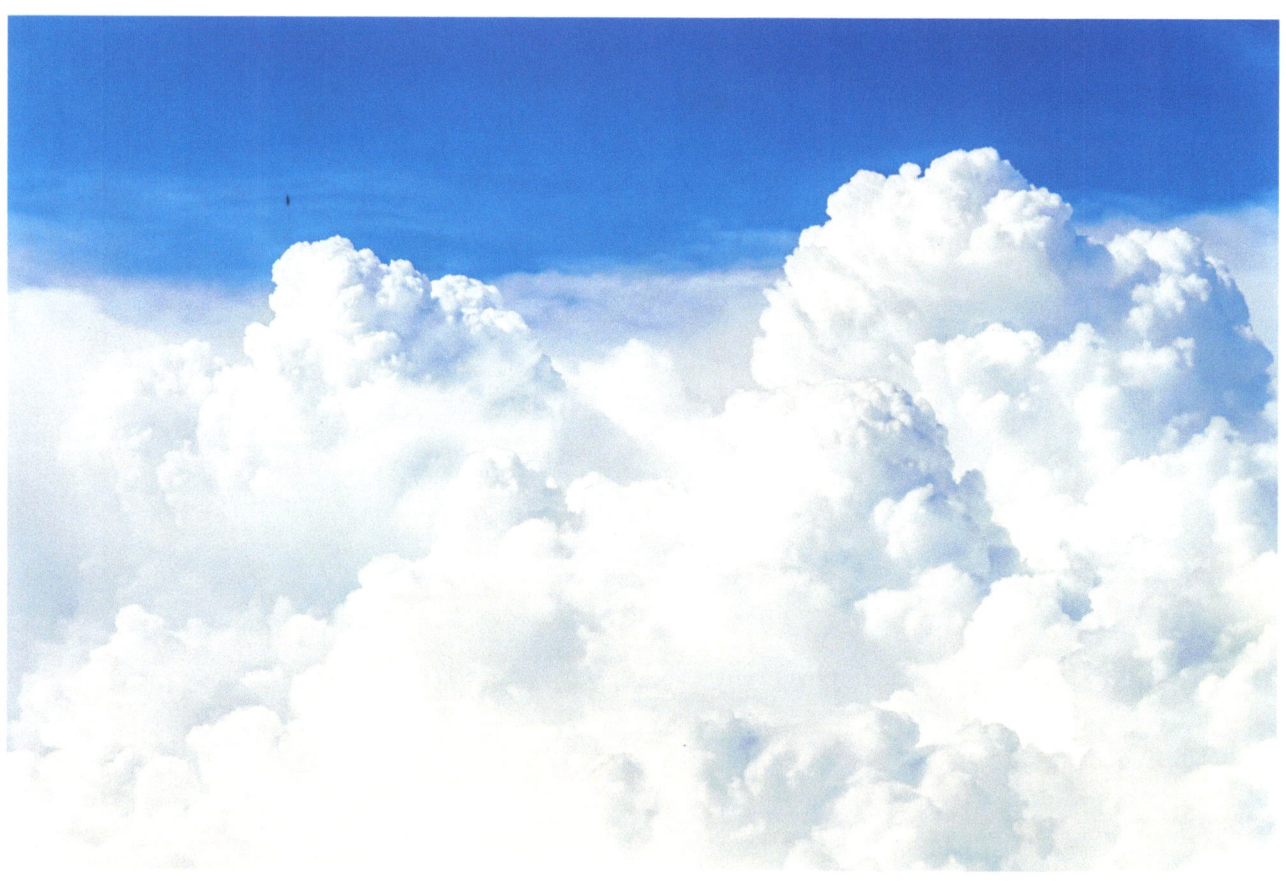

CMYK

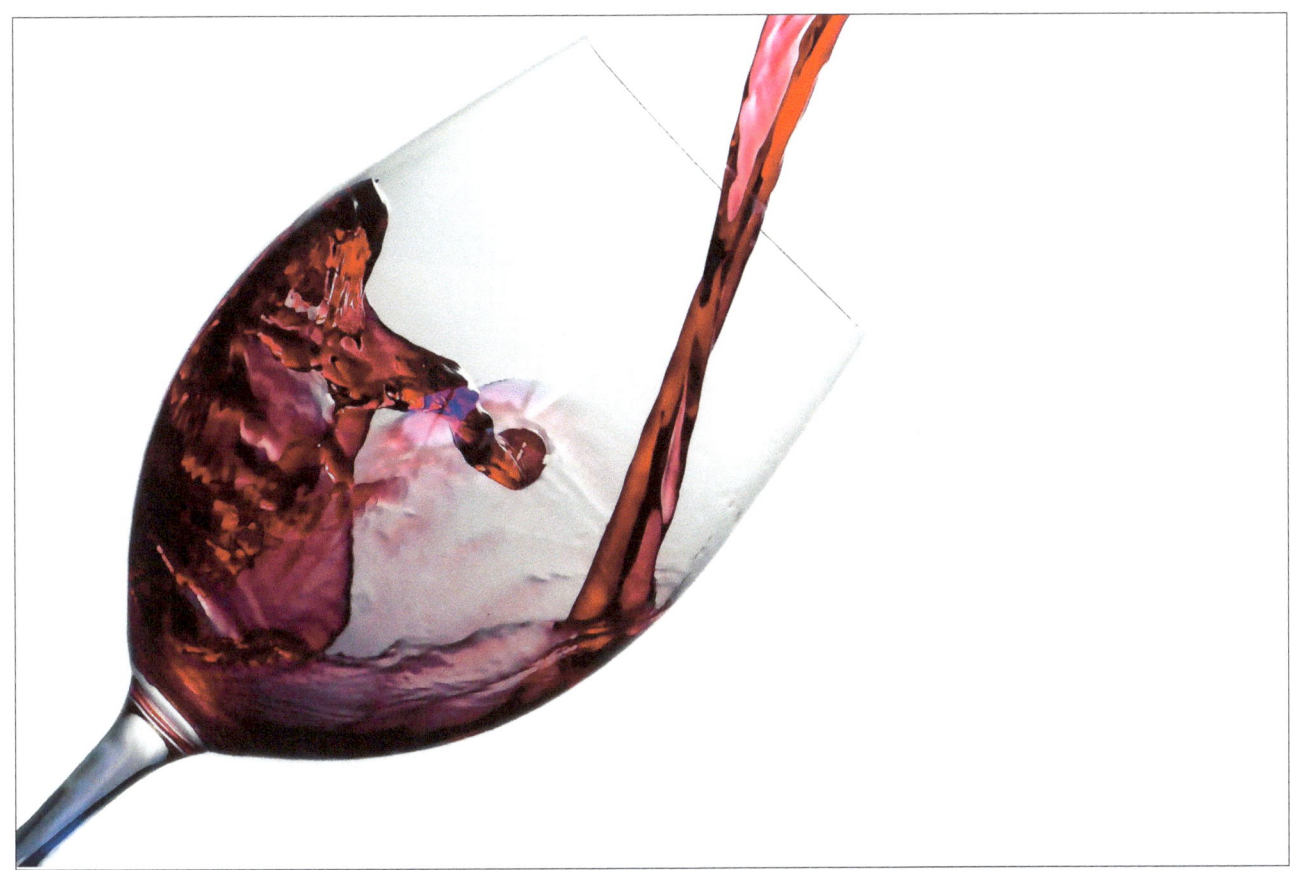

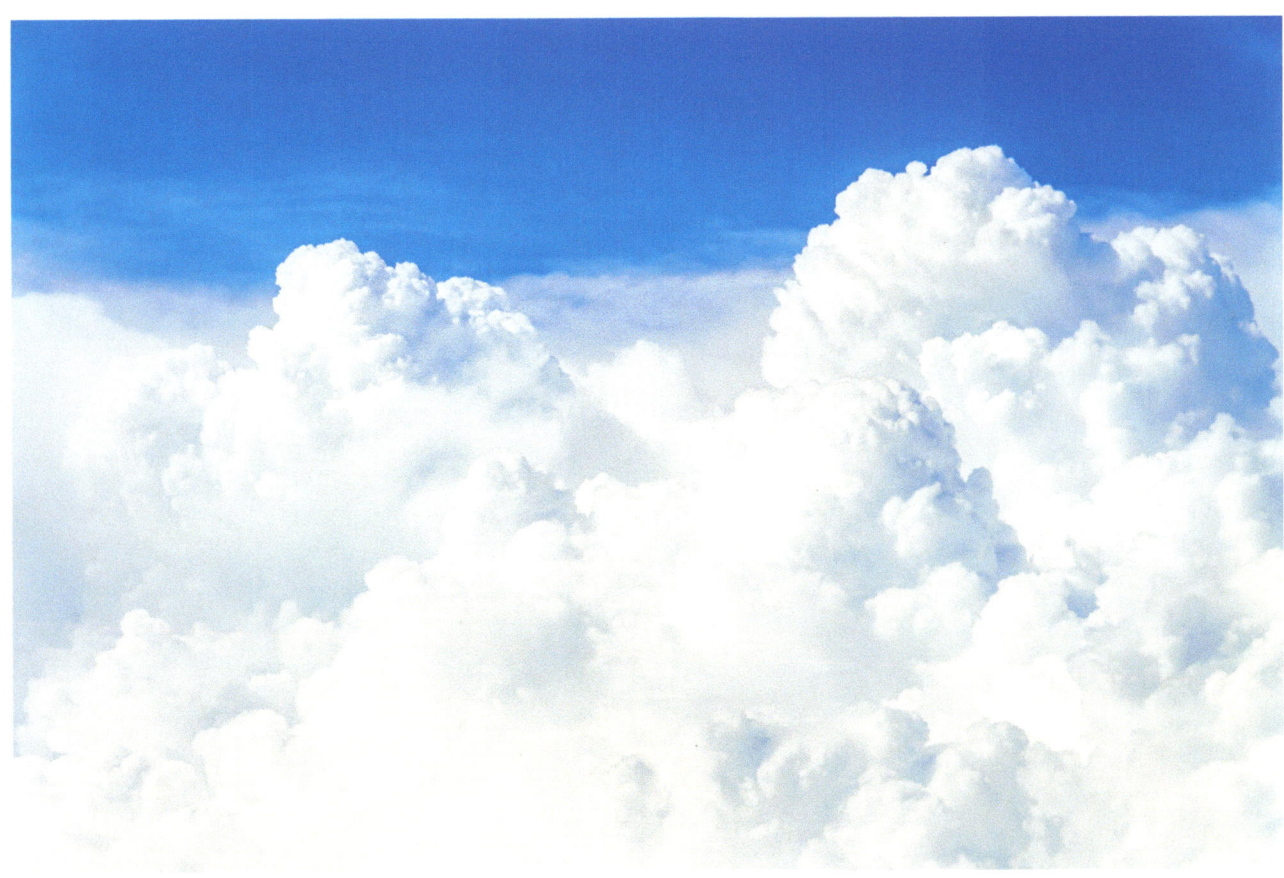

RGB 14

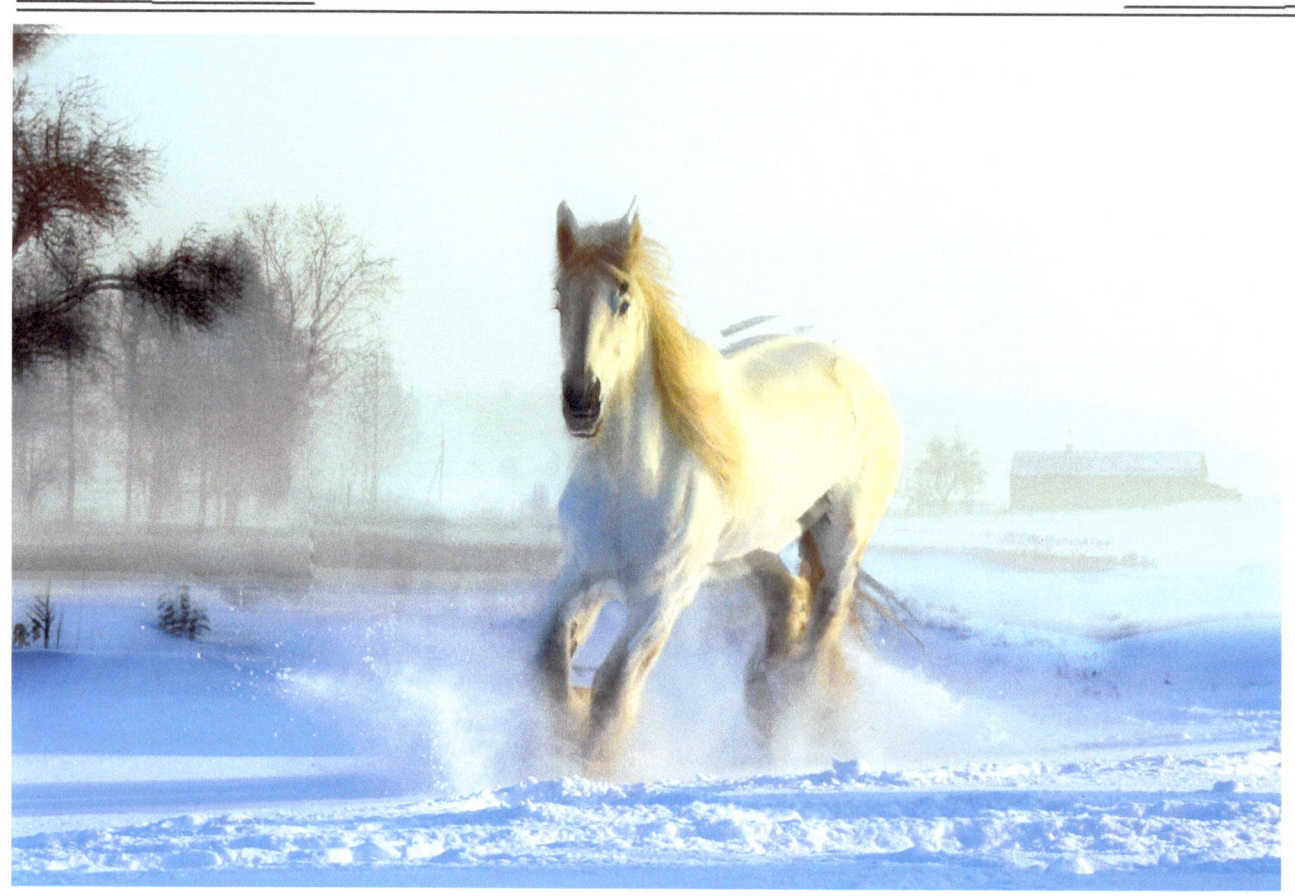

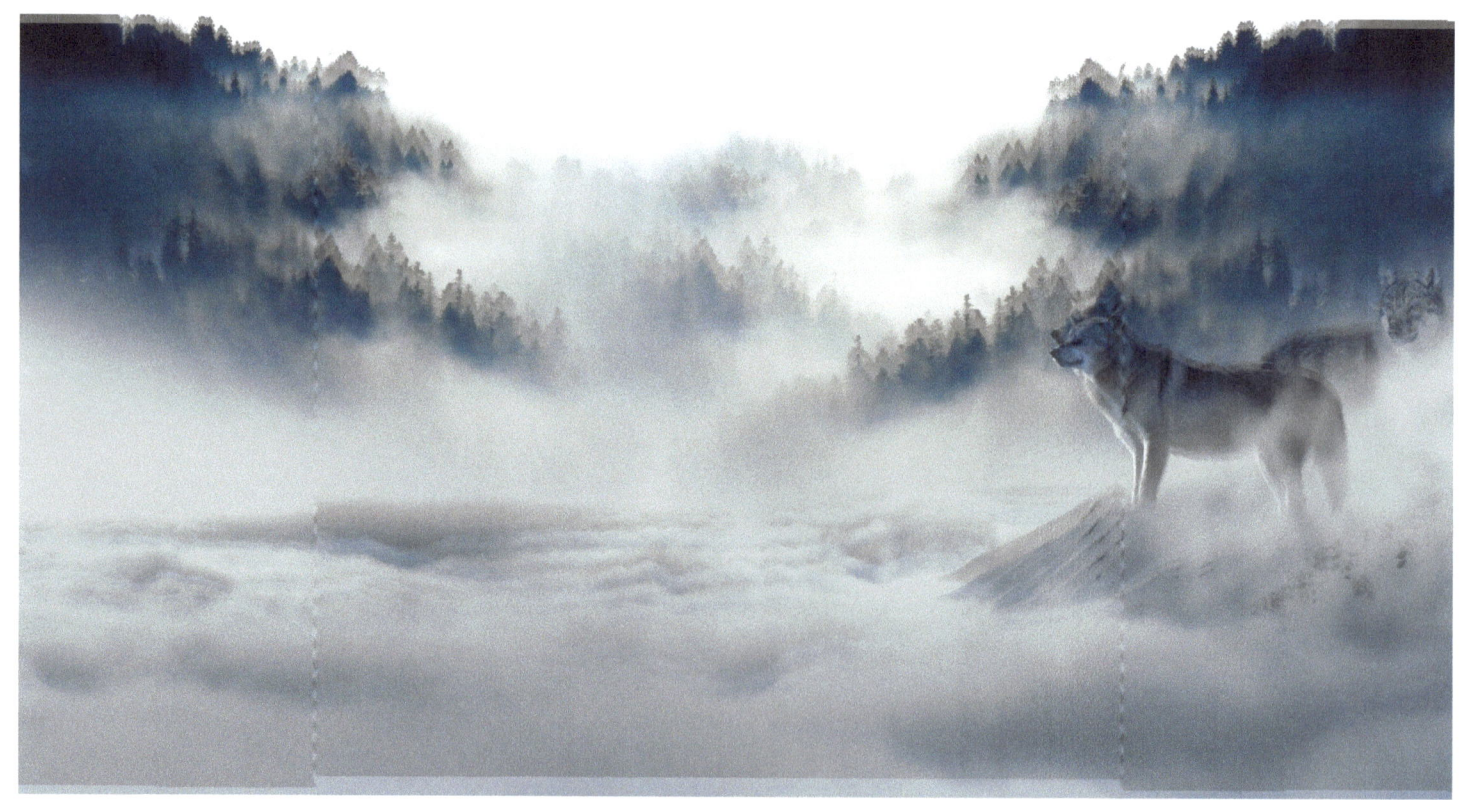

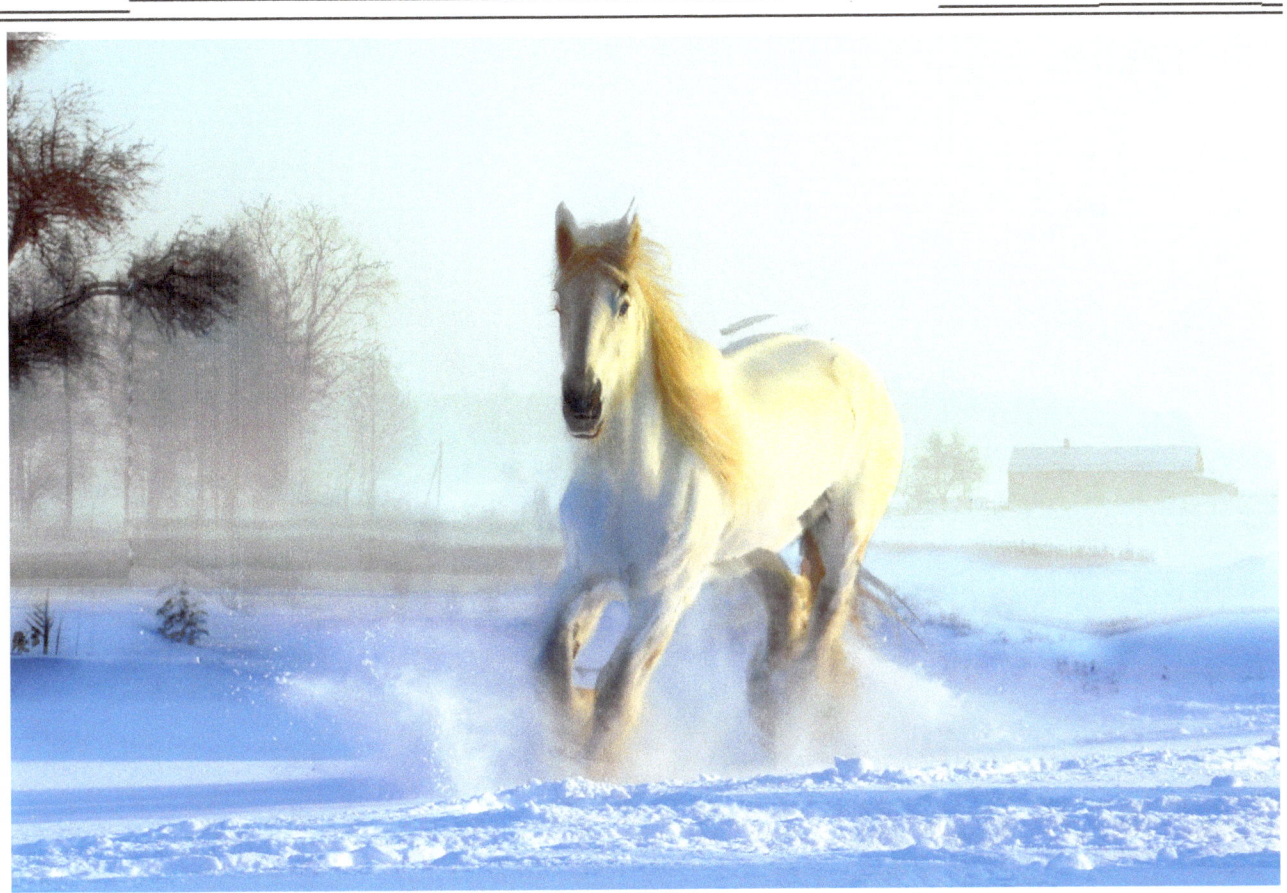
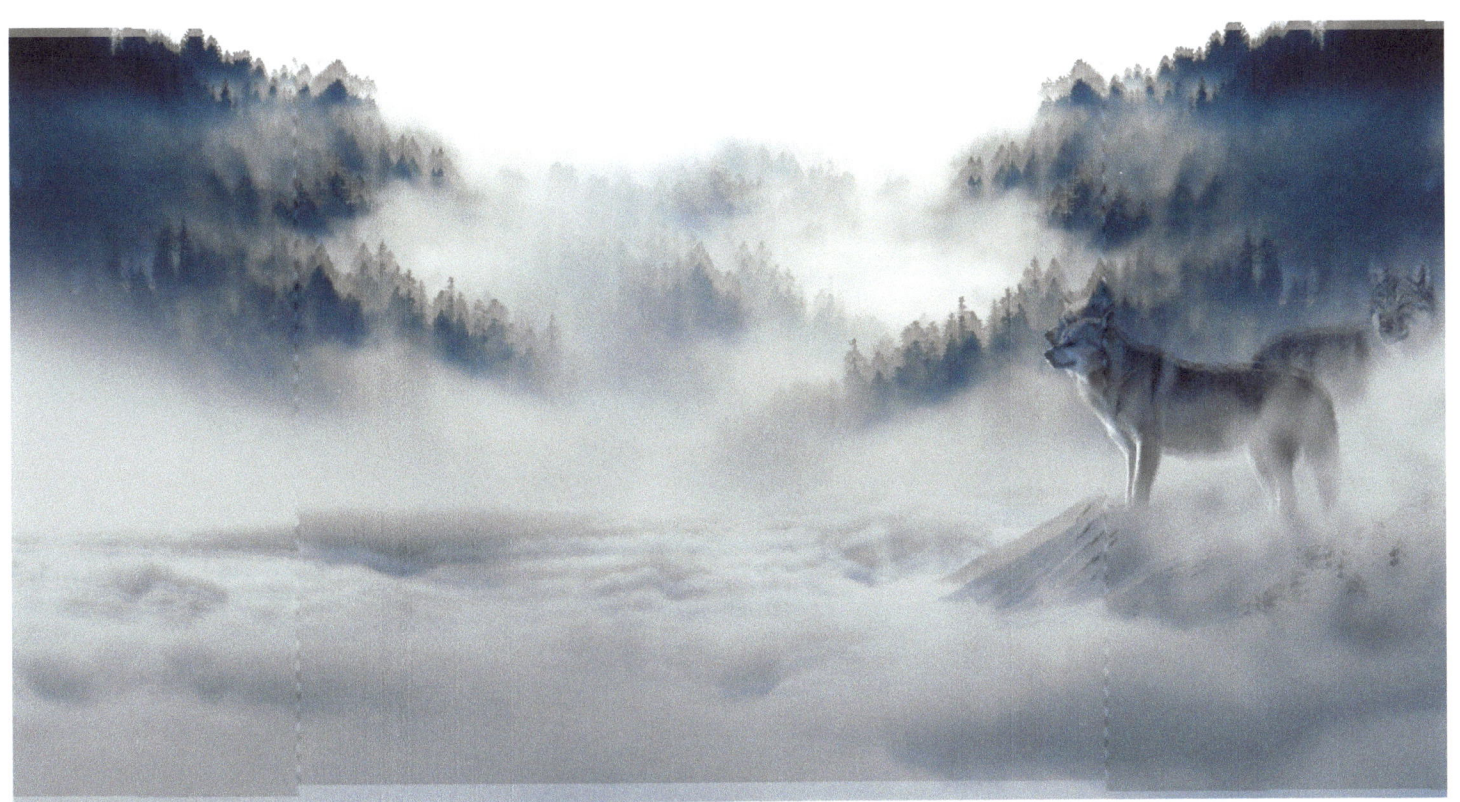

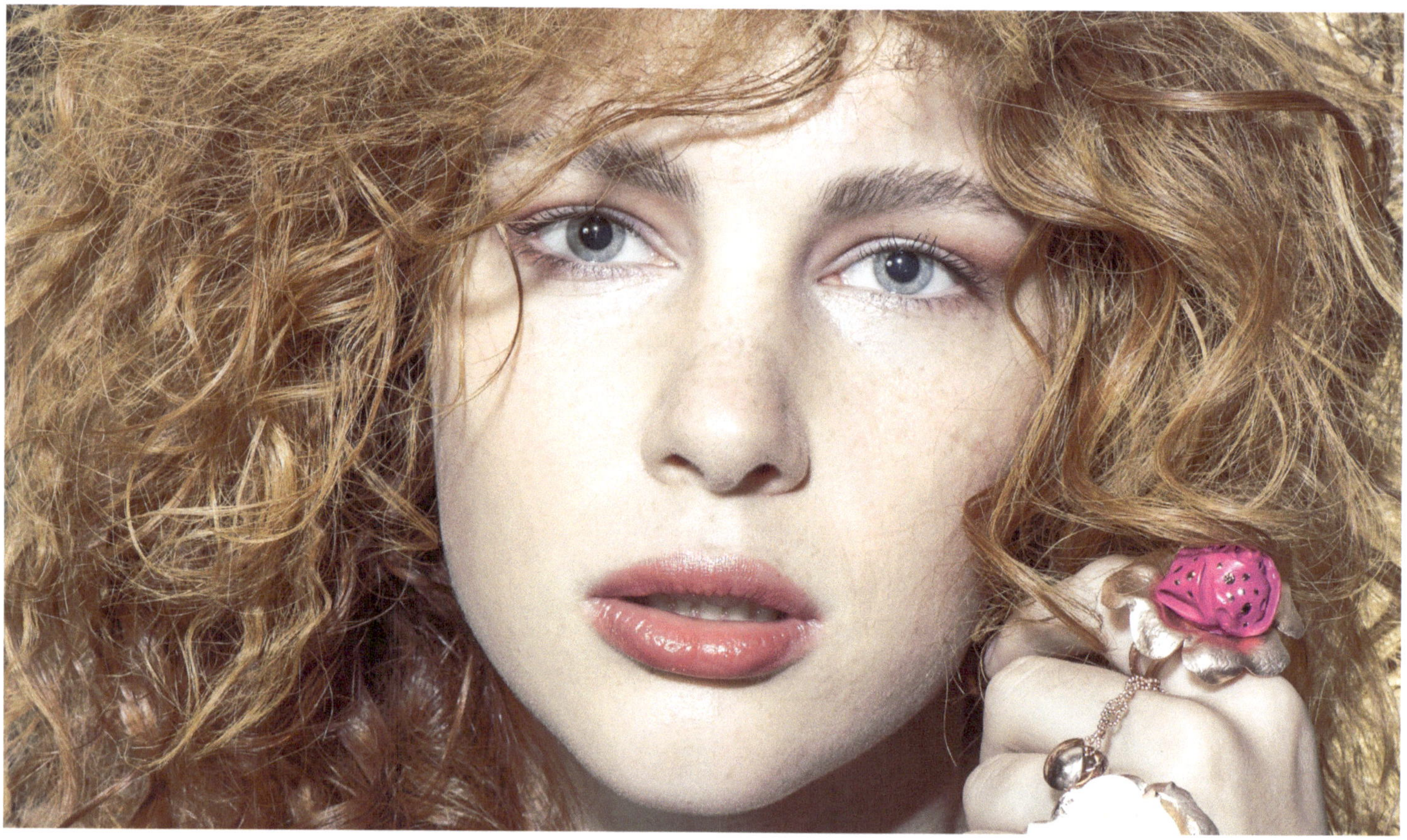

RGB   16

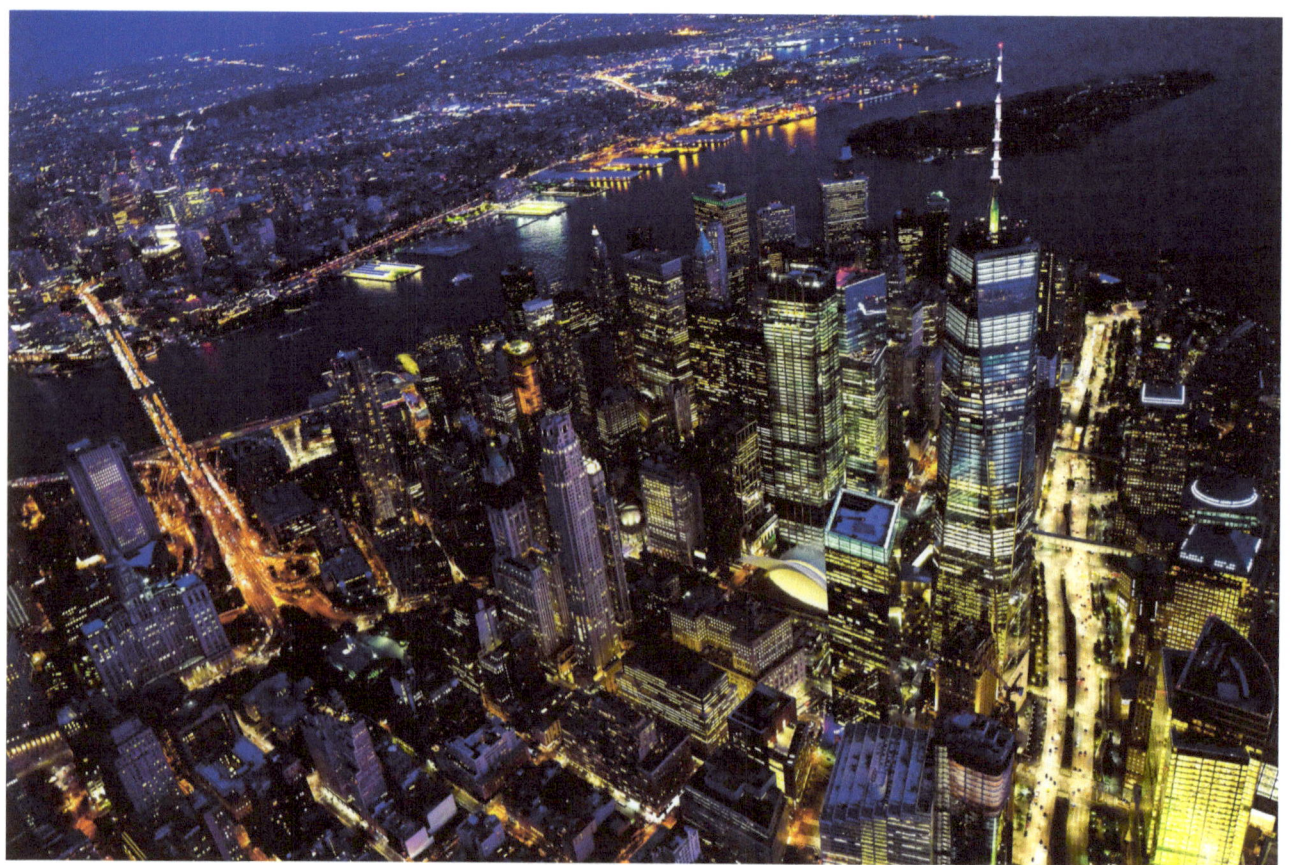

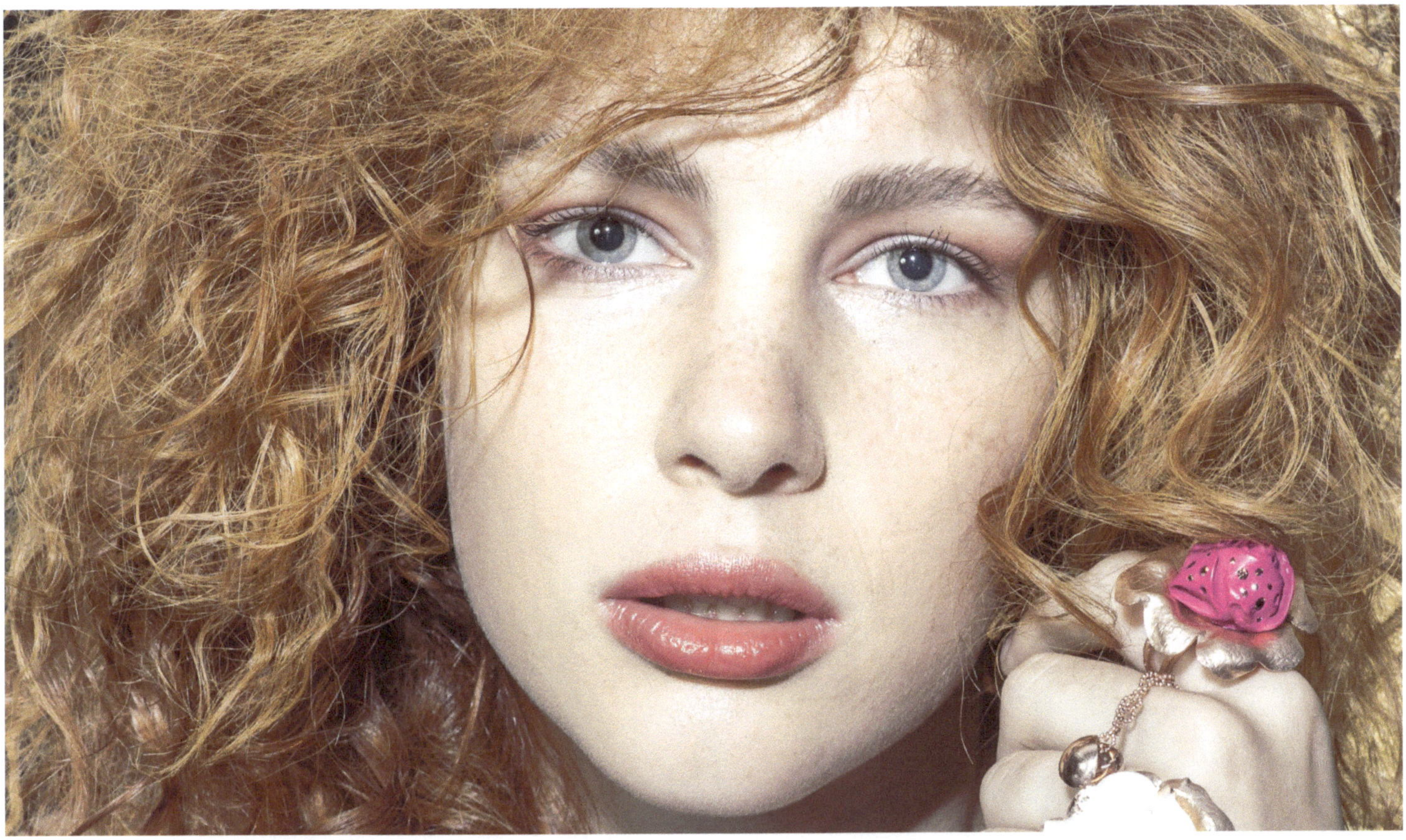

CMYK

17

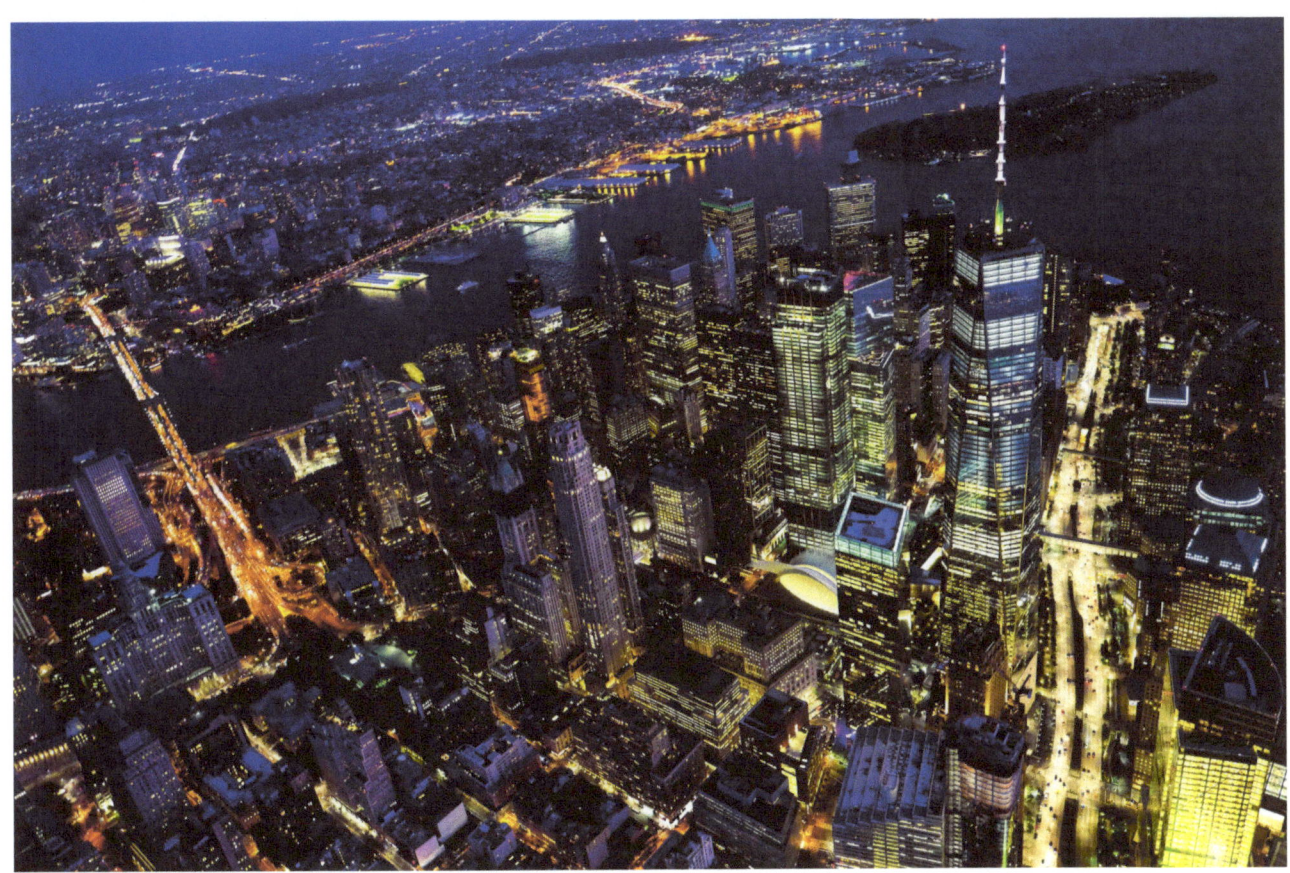

RGB

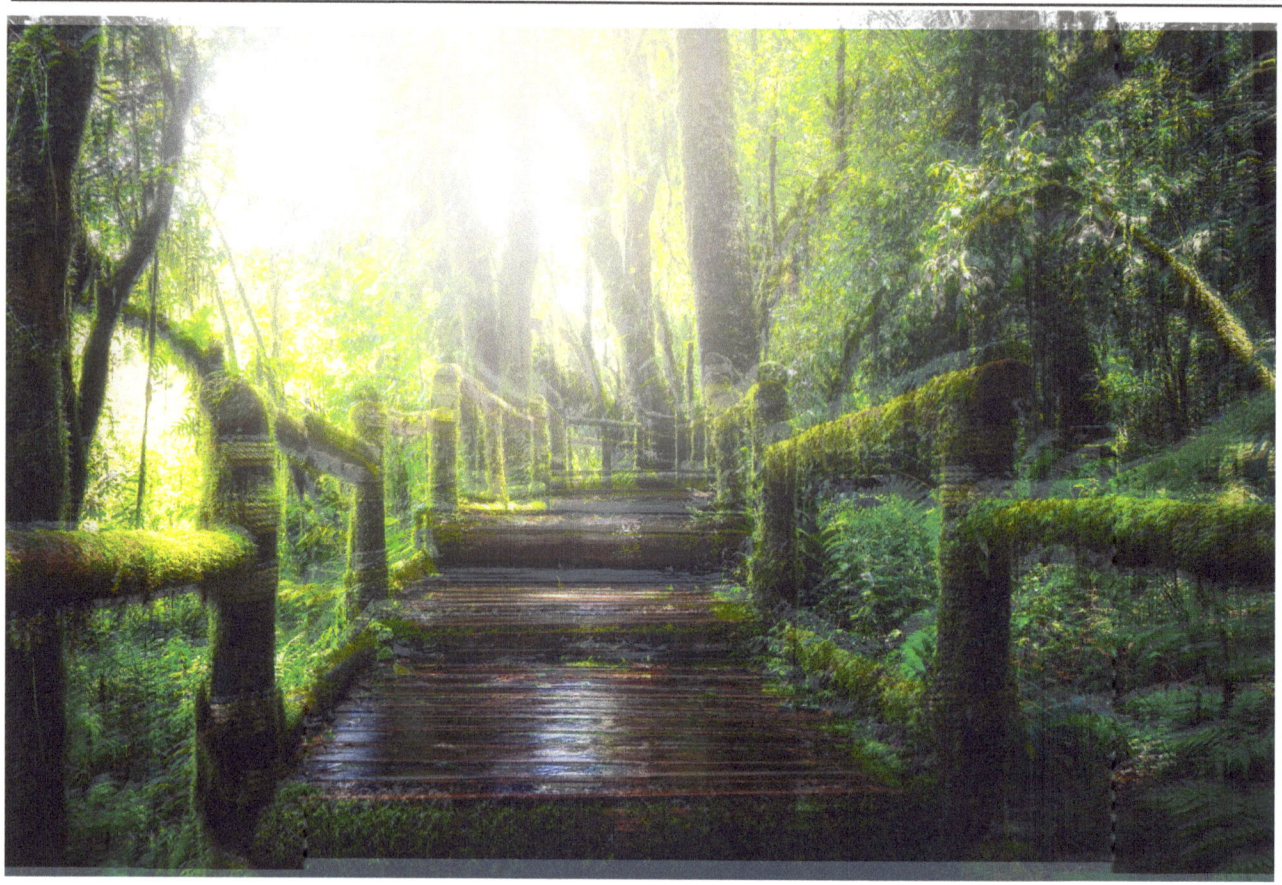

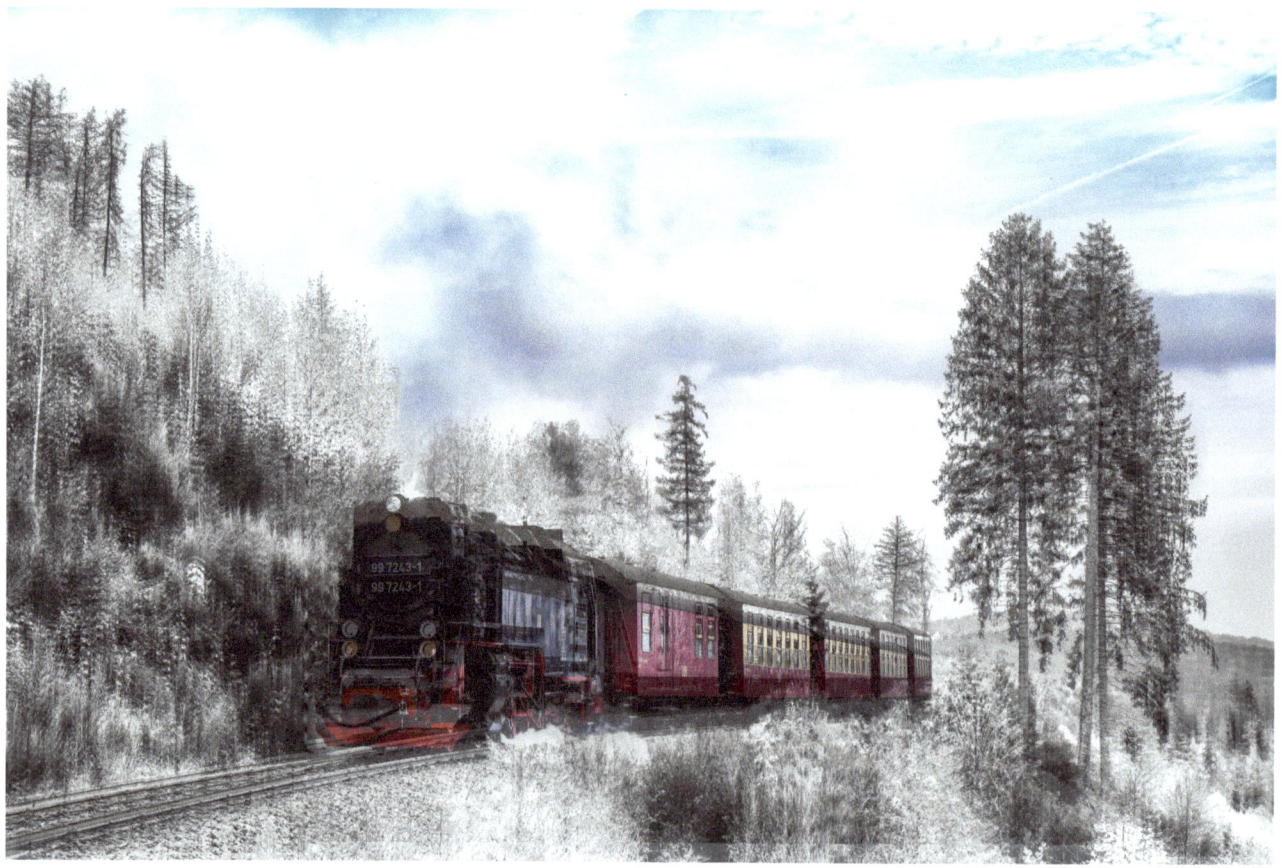

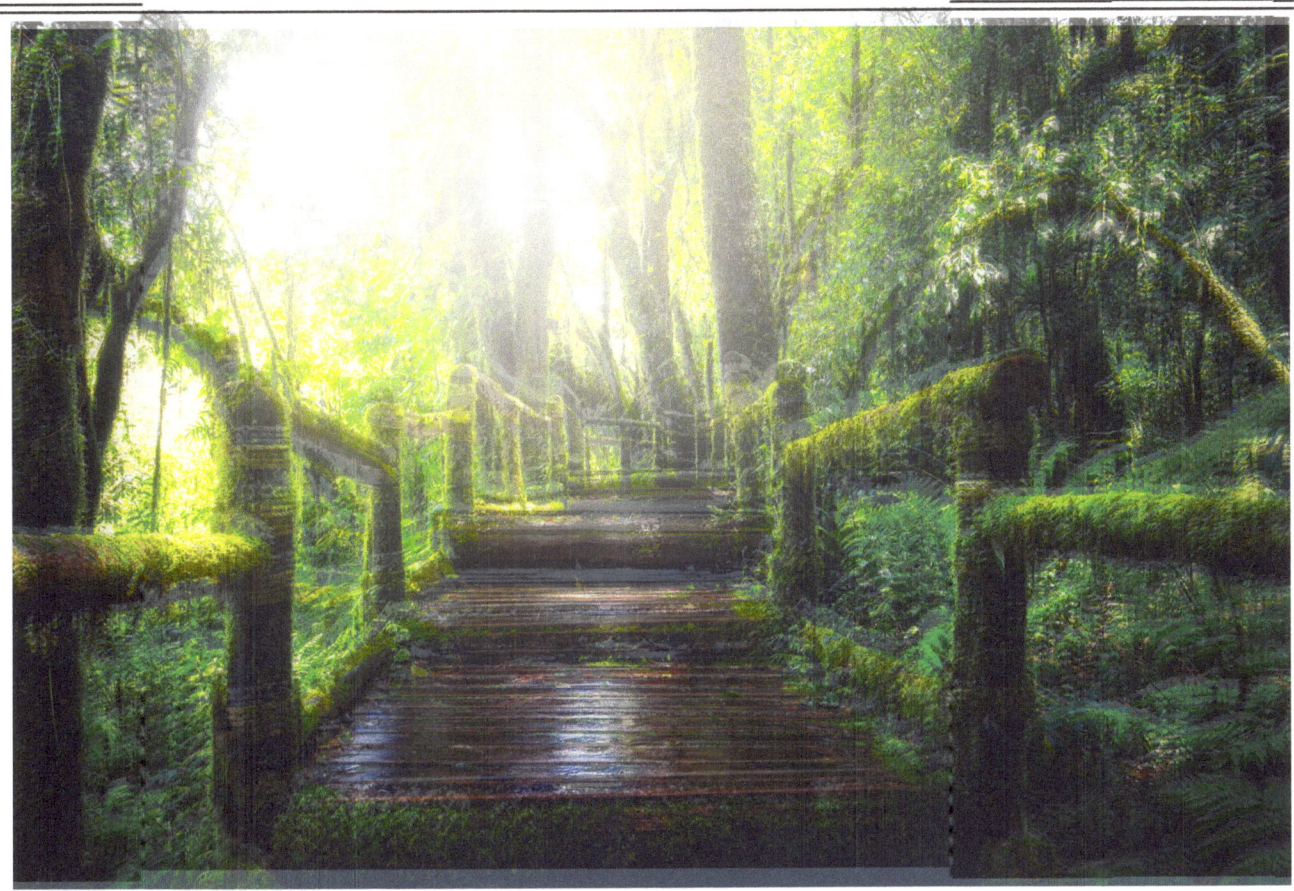
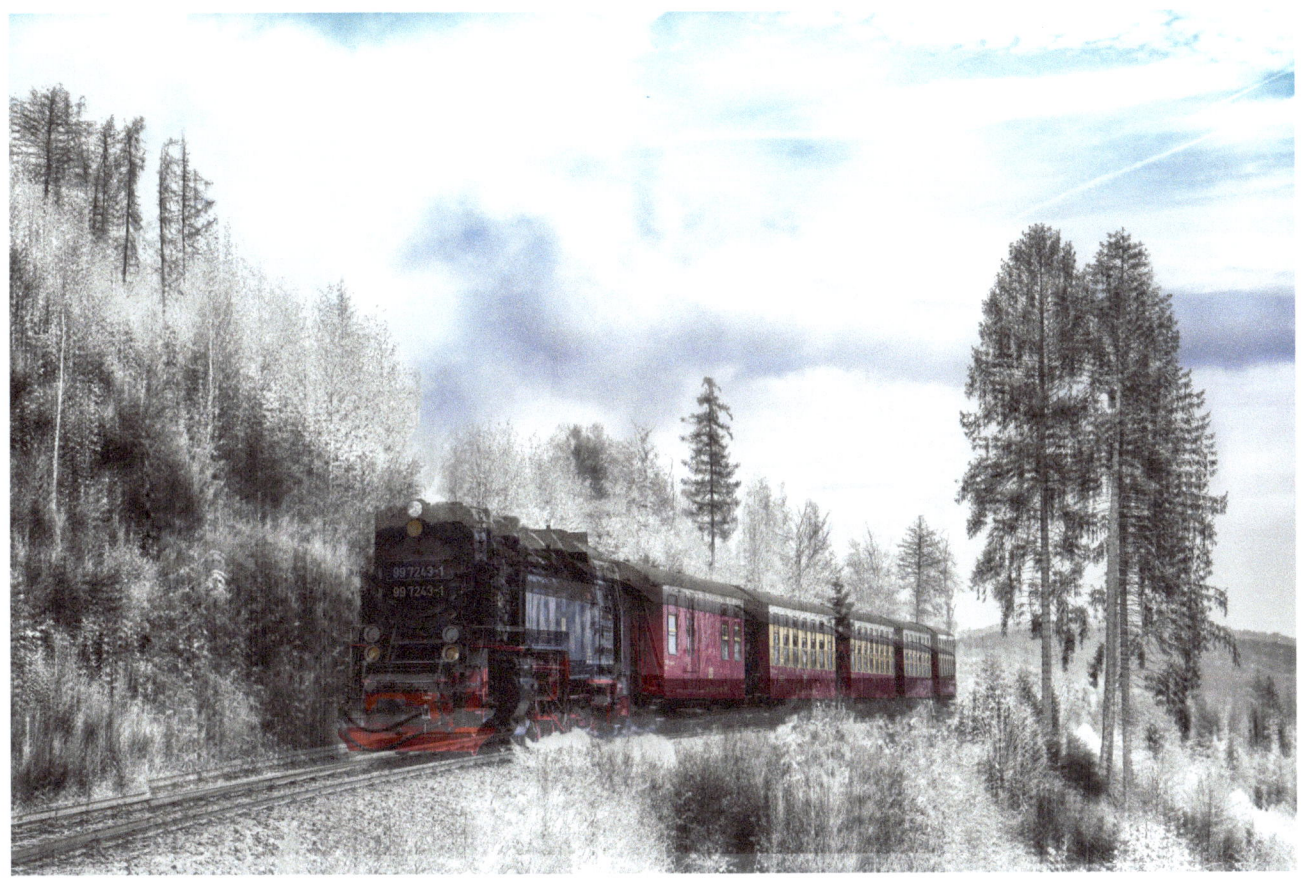

RGB 20

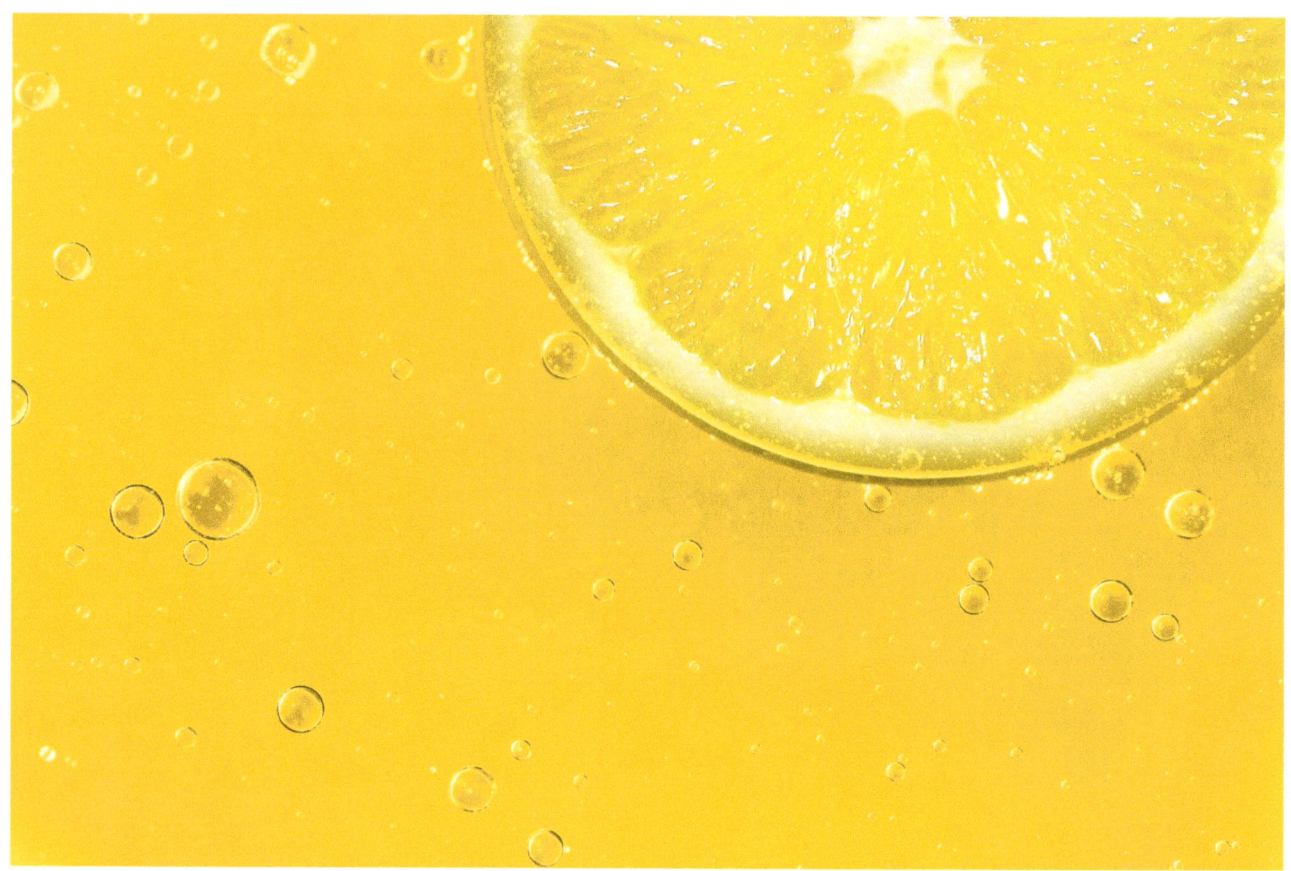

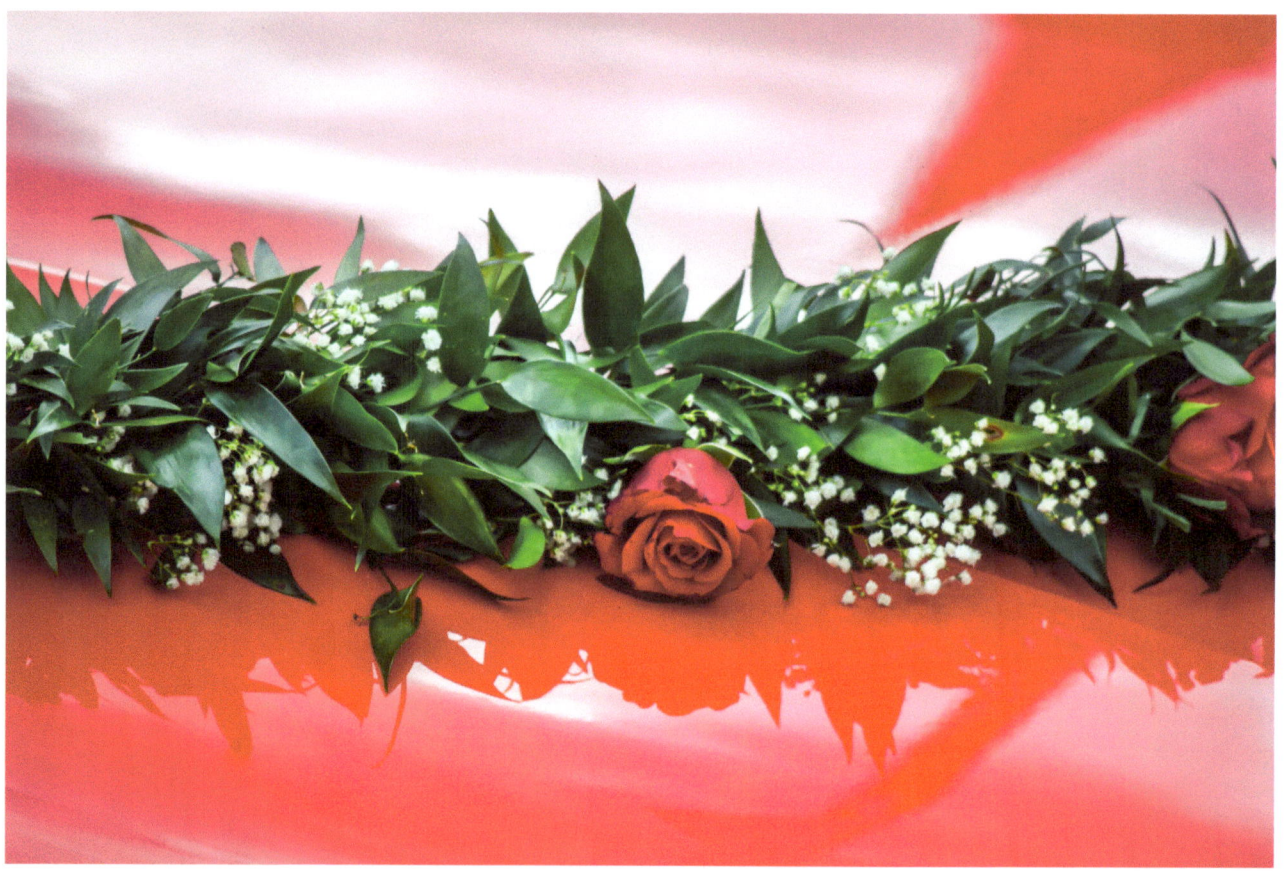

CMYK

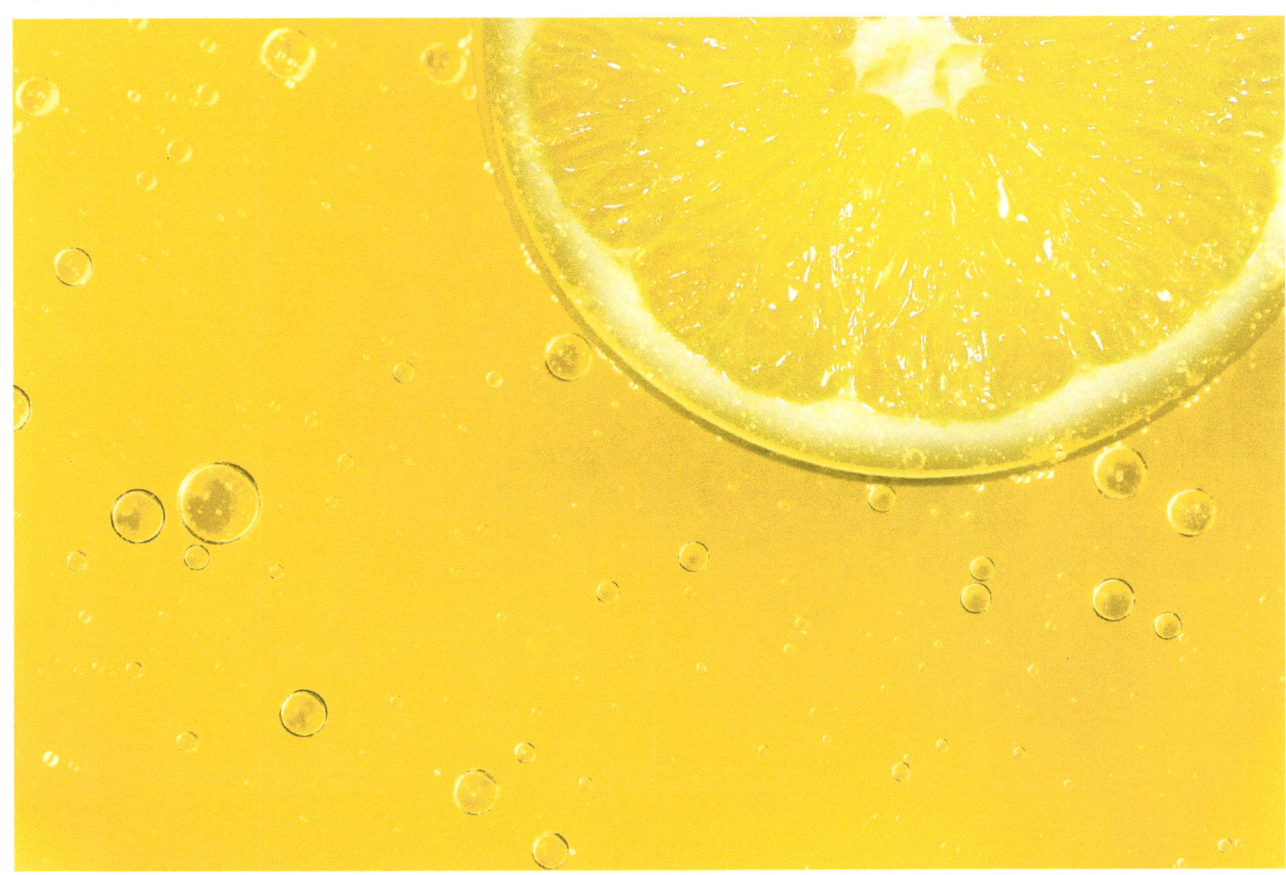

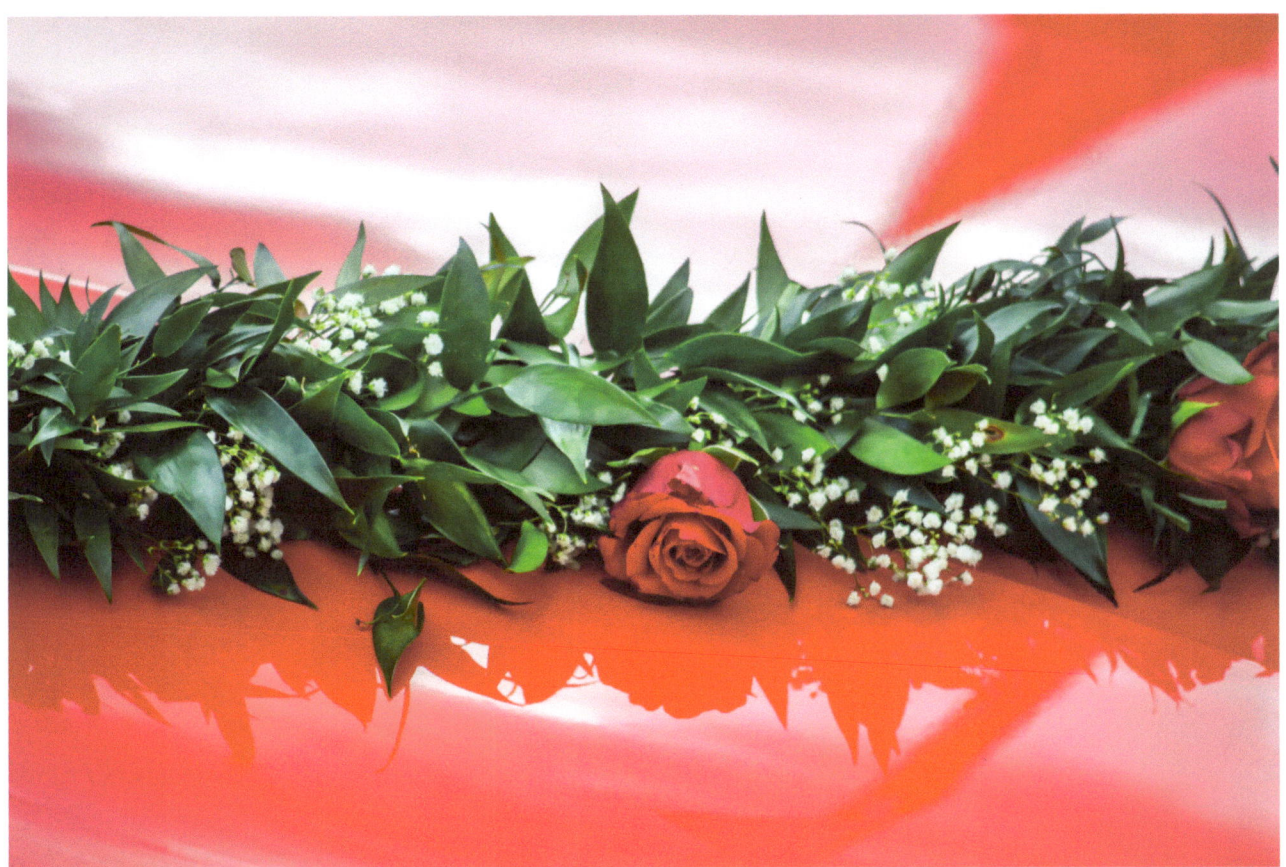

RGB

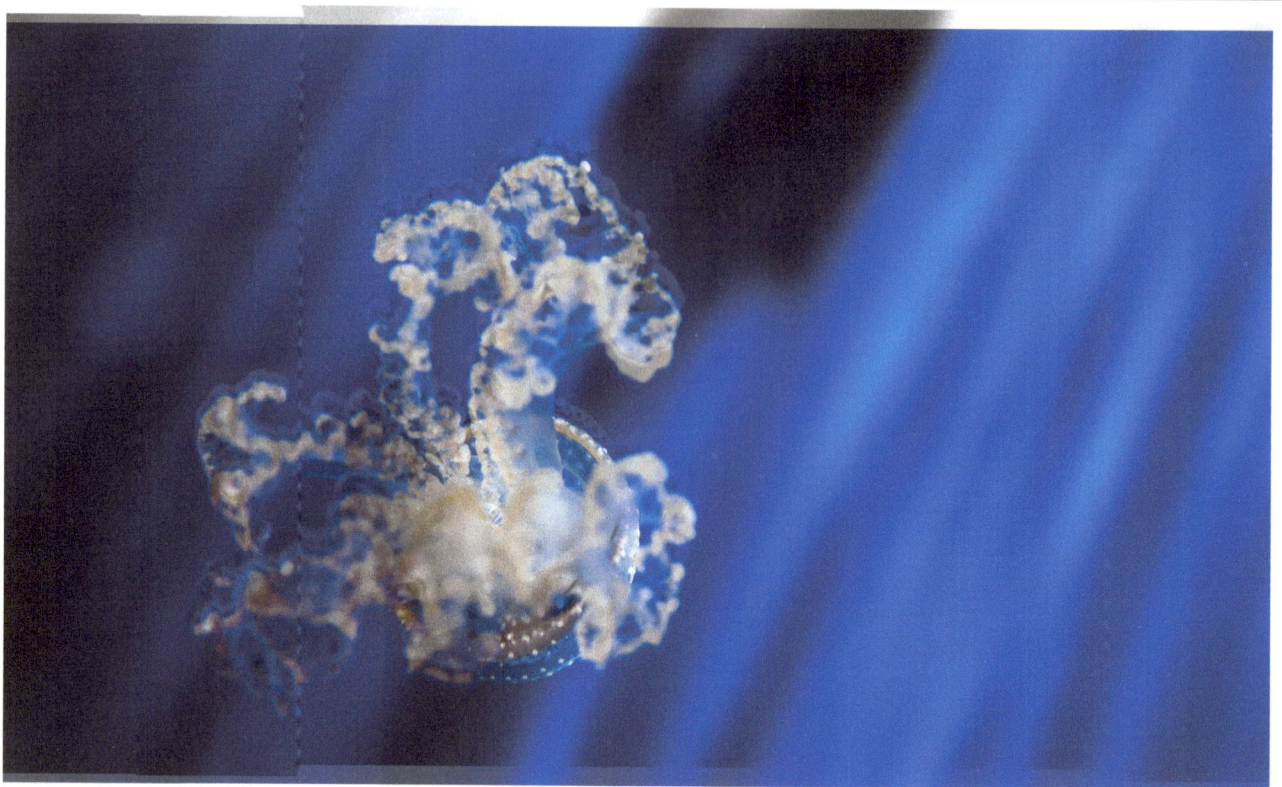

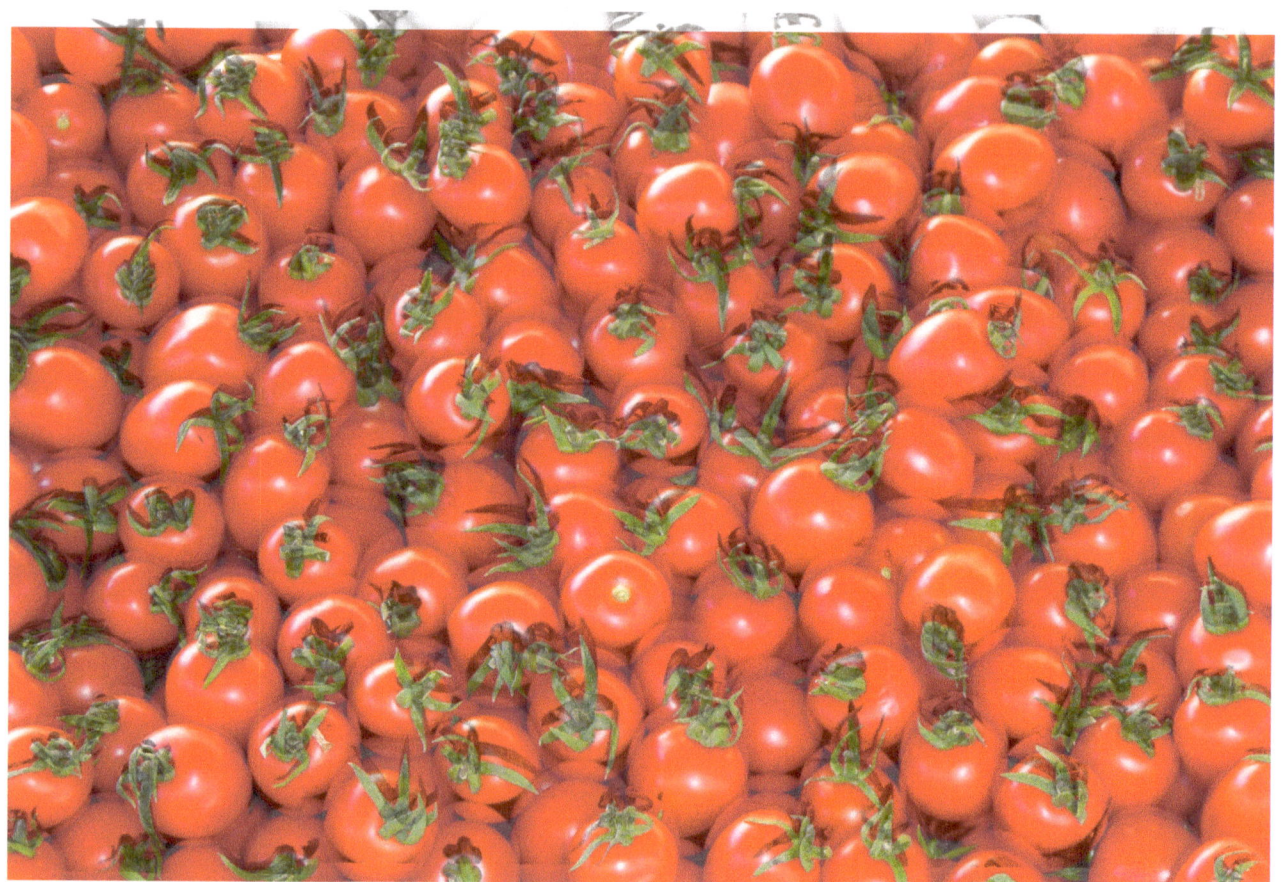

CMYK

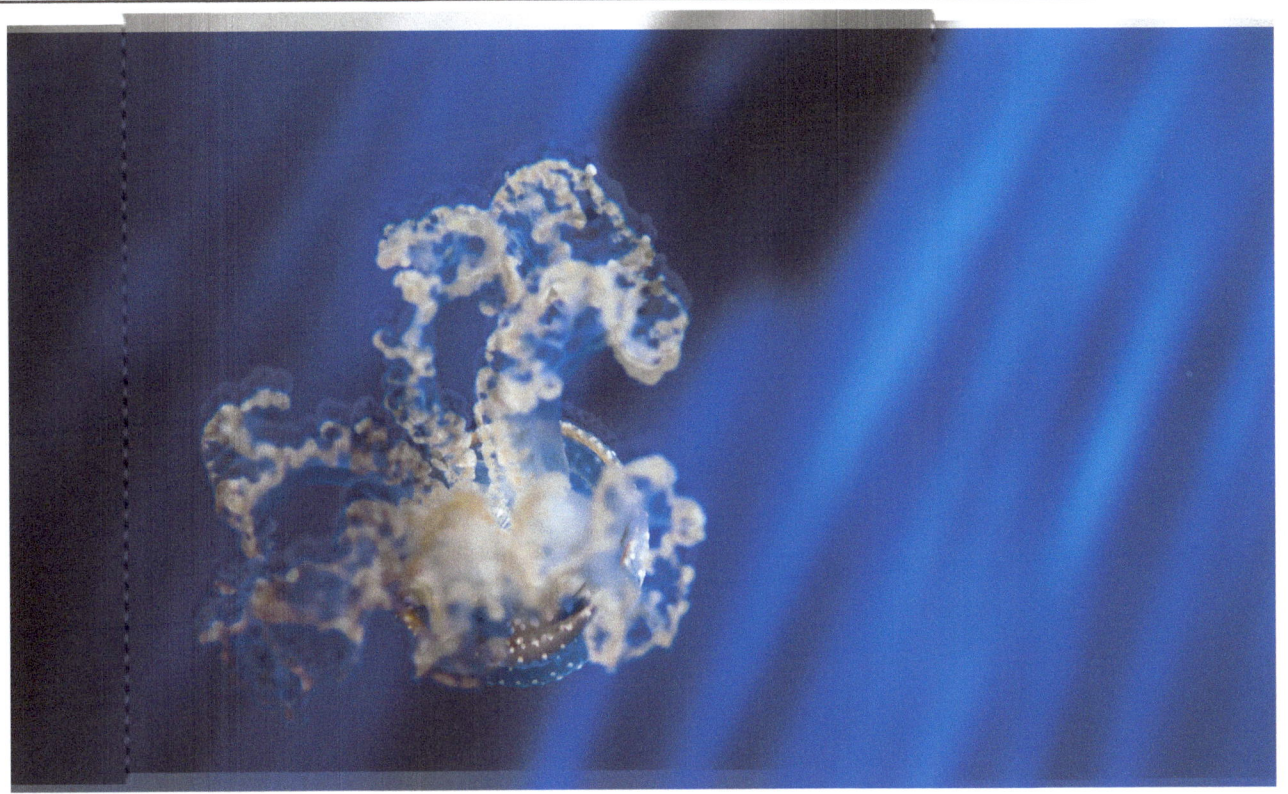

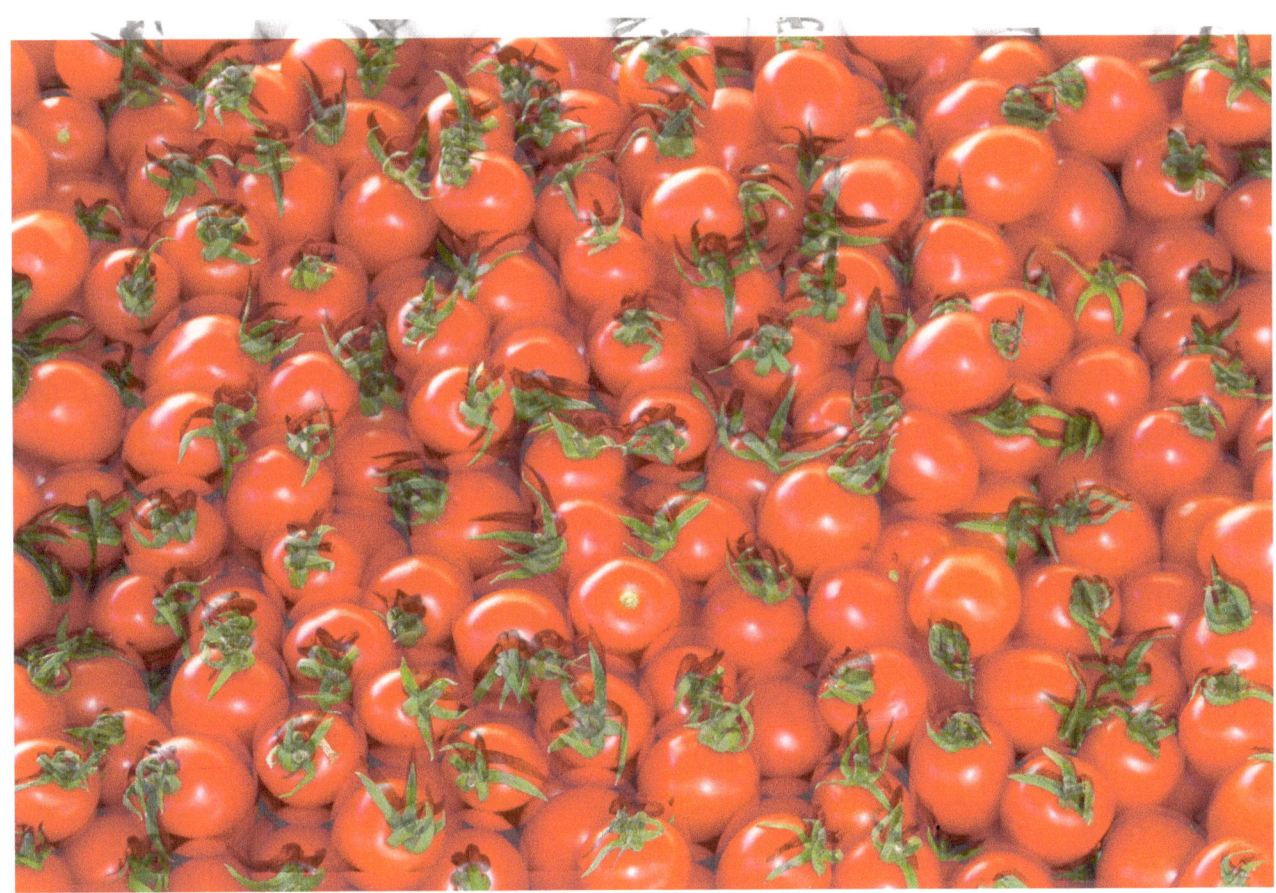

RGB - TEST DI SATURAZIONE IMMAGINE

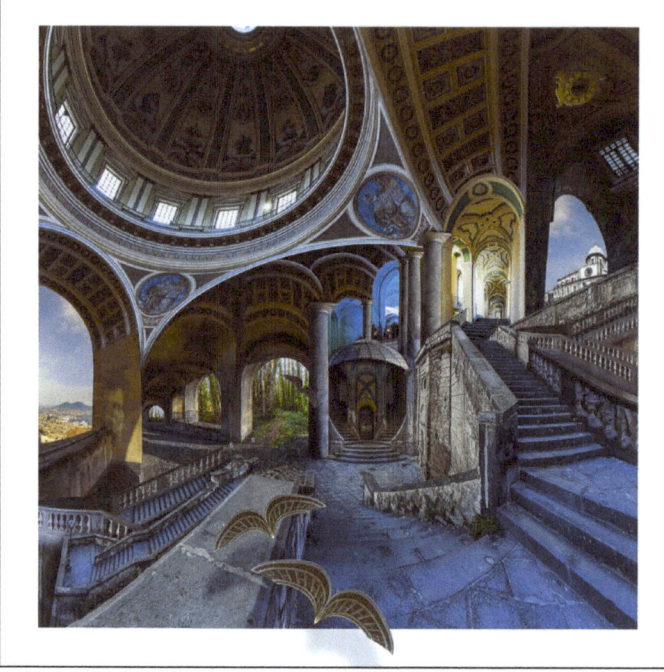

BASE

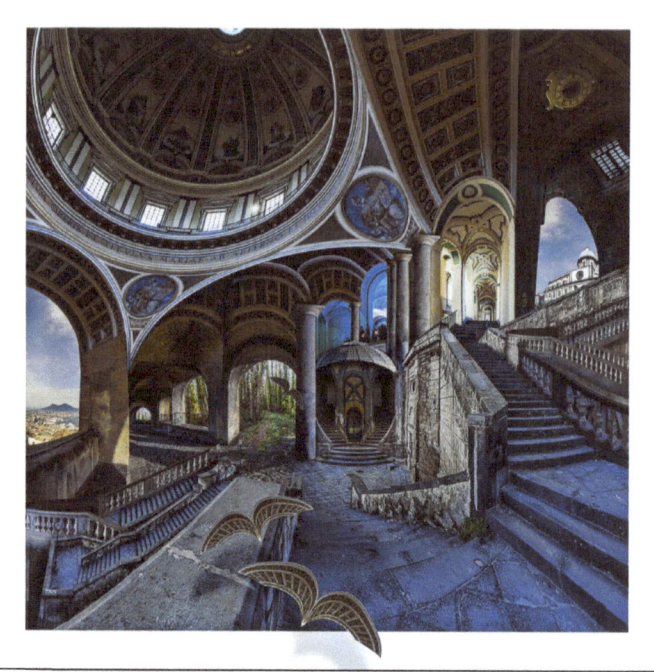

Vividezza 40
Nitidezza avanzata: nitidezza > fattore 170%; raggio 14,4%
Ombre: fattore 51%; ampiezza tonale 66%; raggio 93px
Luce: fattore 42%; ampiezza tonale 81%; raggio 18px

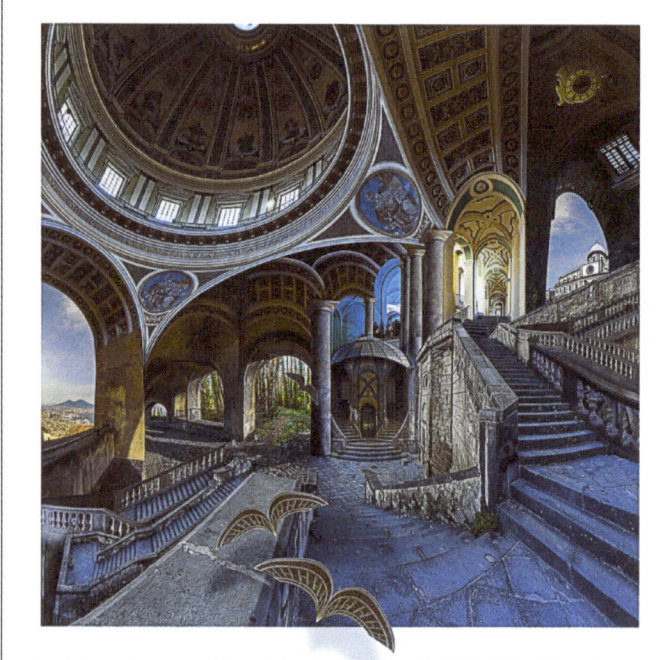

Saturazione 60
Nitidezza avanzata: nitidezza > fattore 352%; raggio 2%
Ombre: fattore 40%; ampiezza tonale 60%; raggio 30px
Luce: fattore 90%; ampiezza tonale 100%; raggio 100px

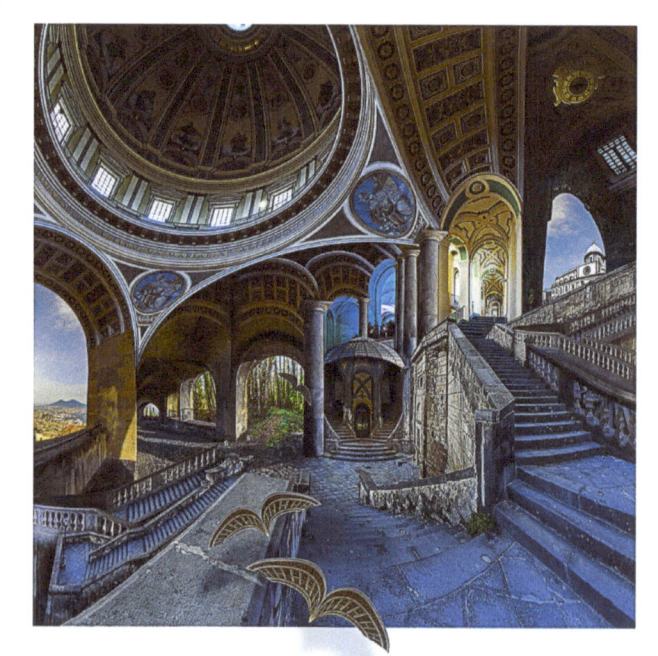

Saturazione 80
Nitidezza avanzata: nitidezza > fattore 352%; raggio 2%
Ombre: fattore 40%; ampiezza tonale 60%; raggio 30px
Luce: fattore 90%; ampiezza tonale 100%; raggio 100px

RGB

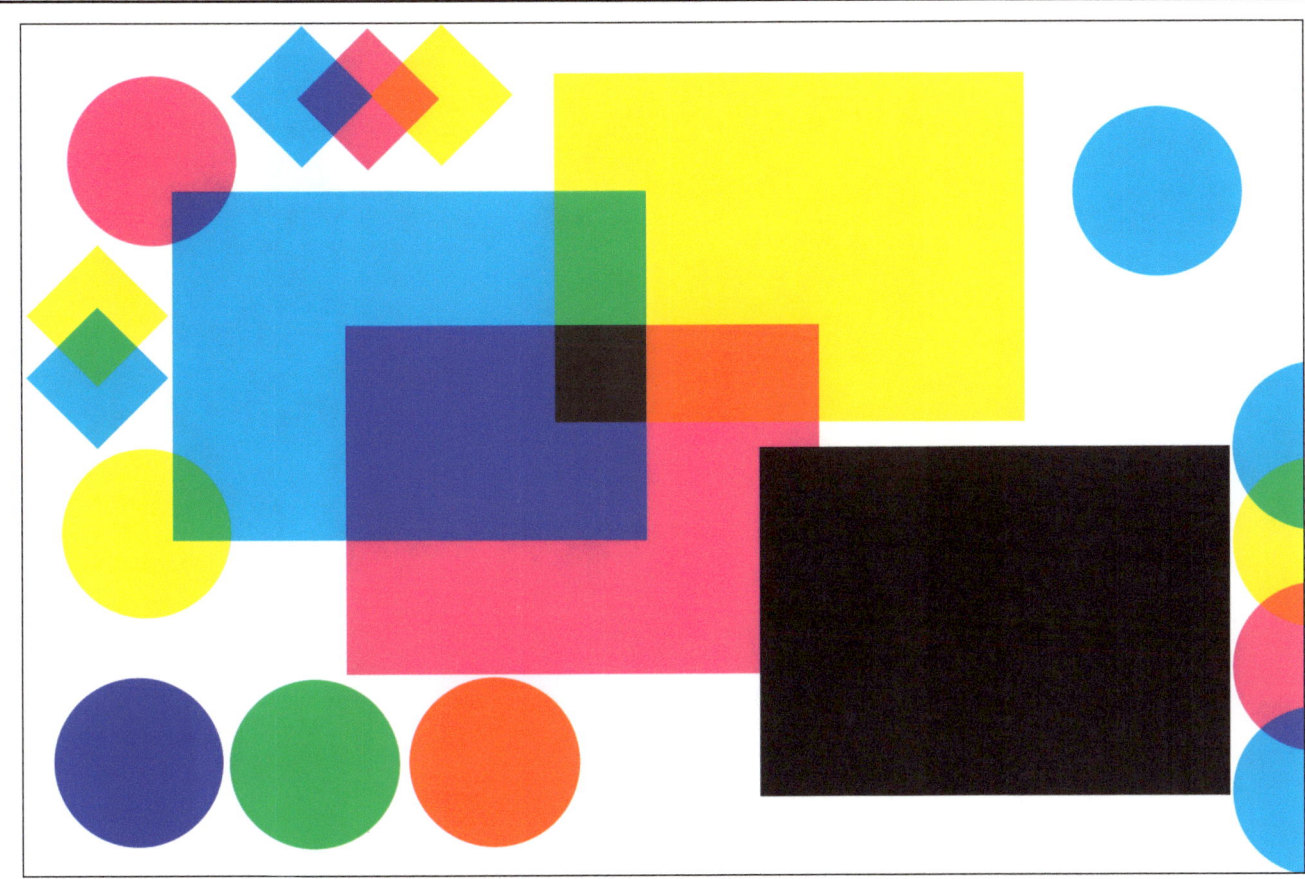

CMYK

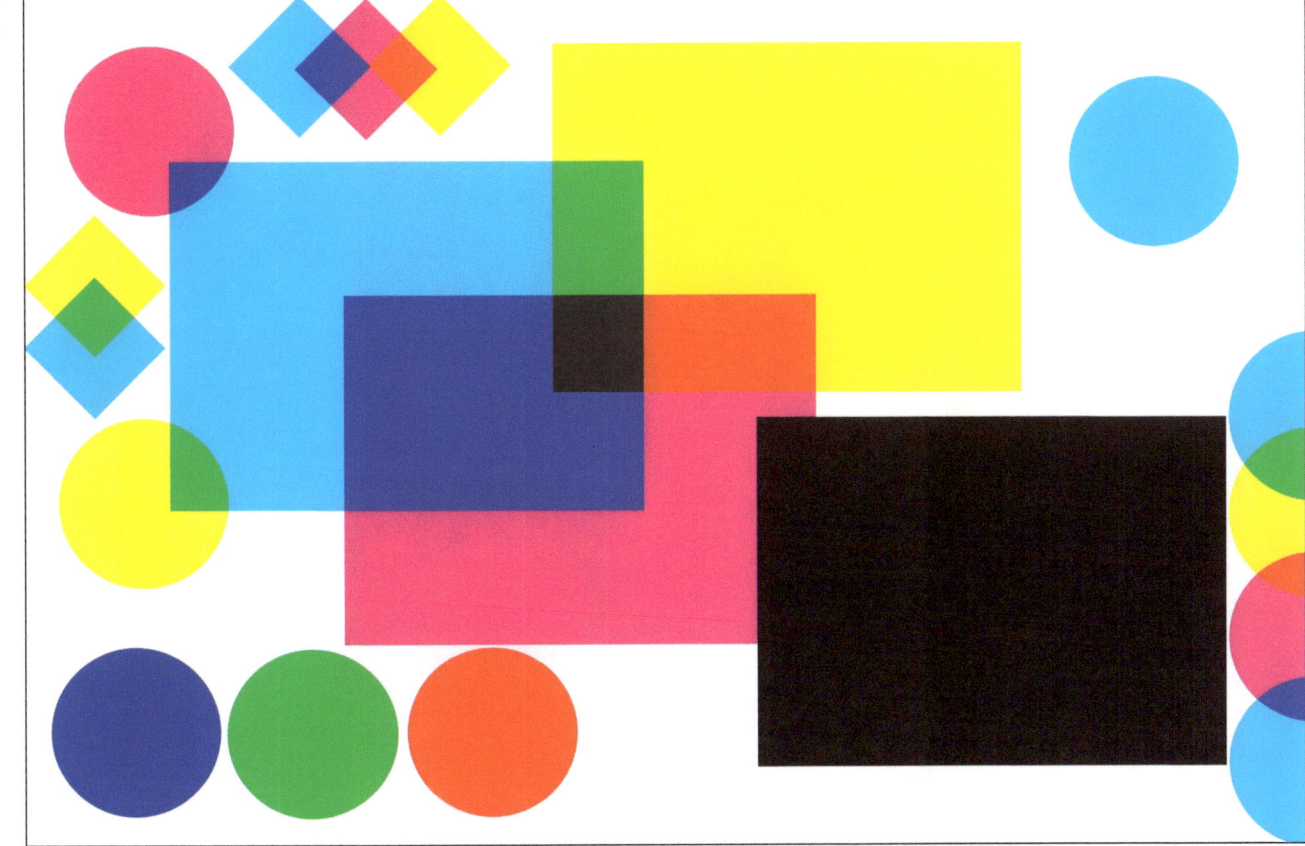

RGB

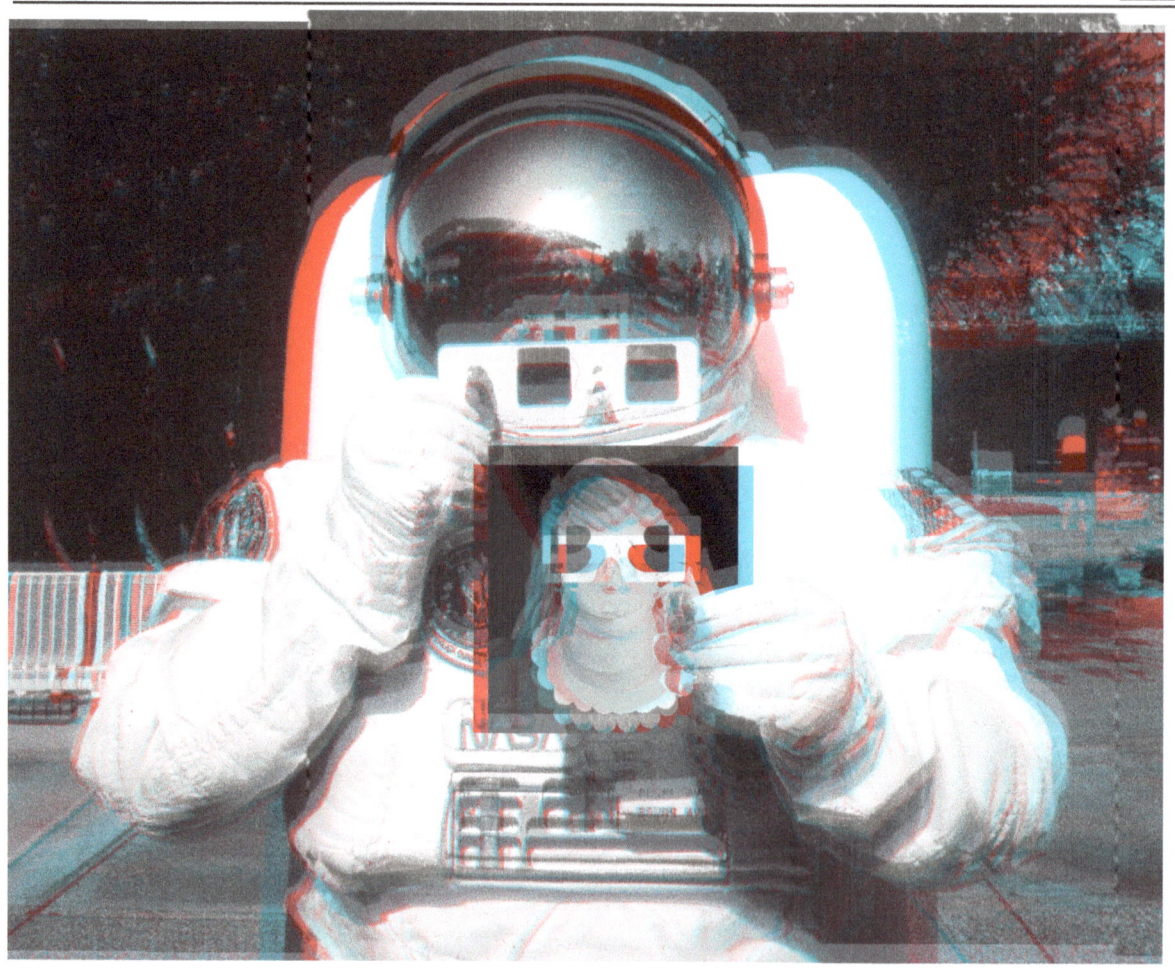

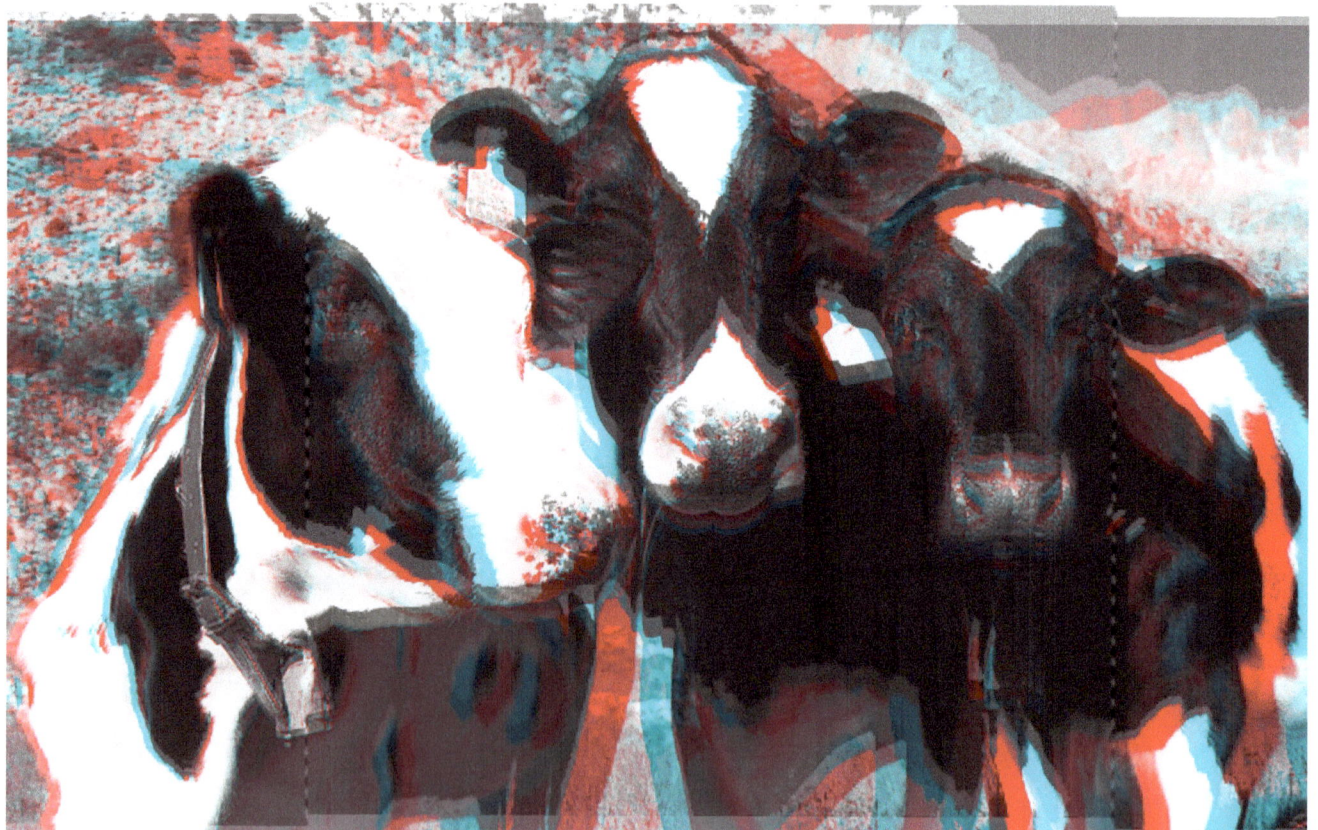

CMYK

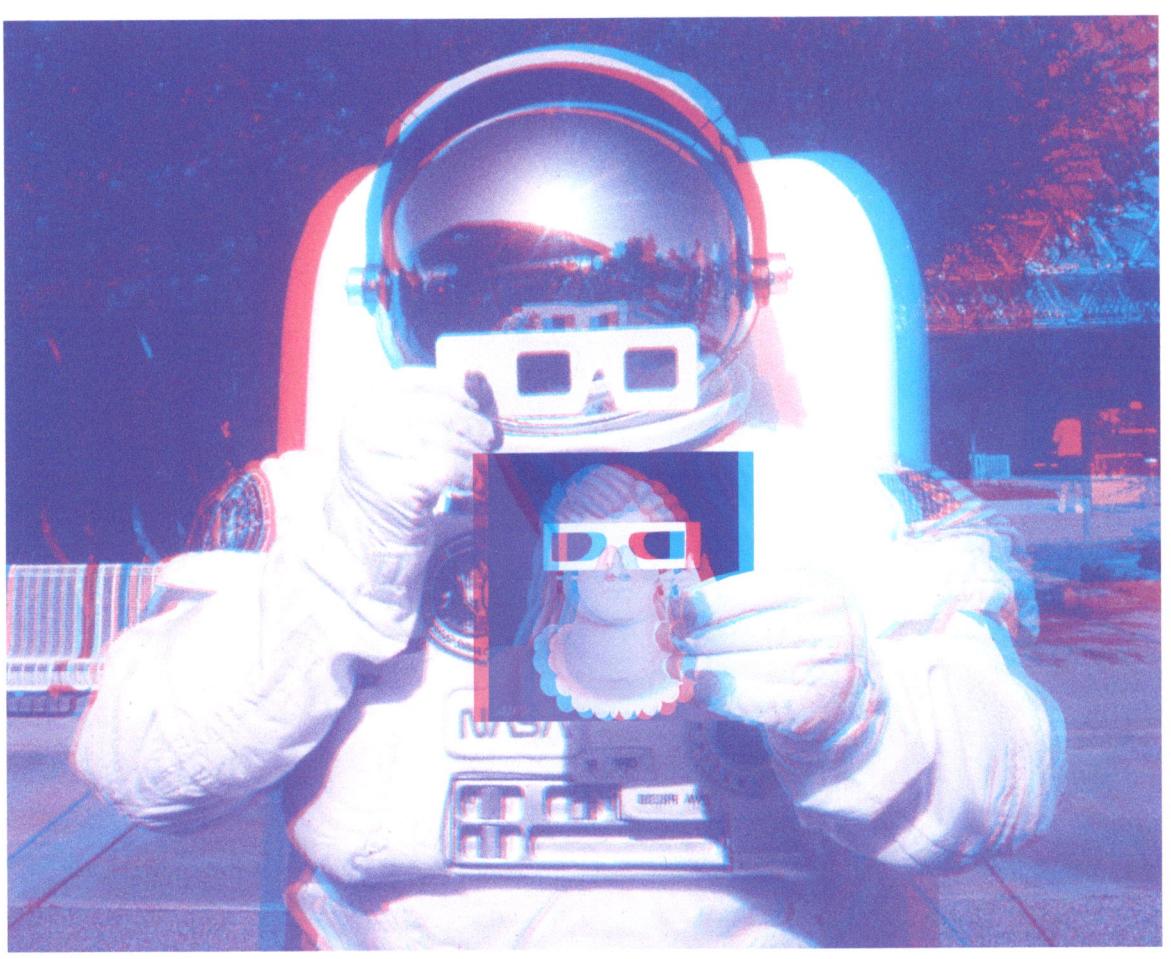

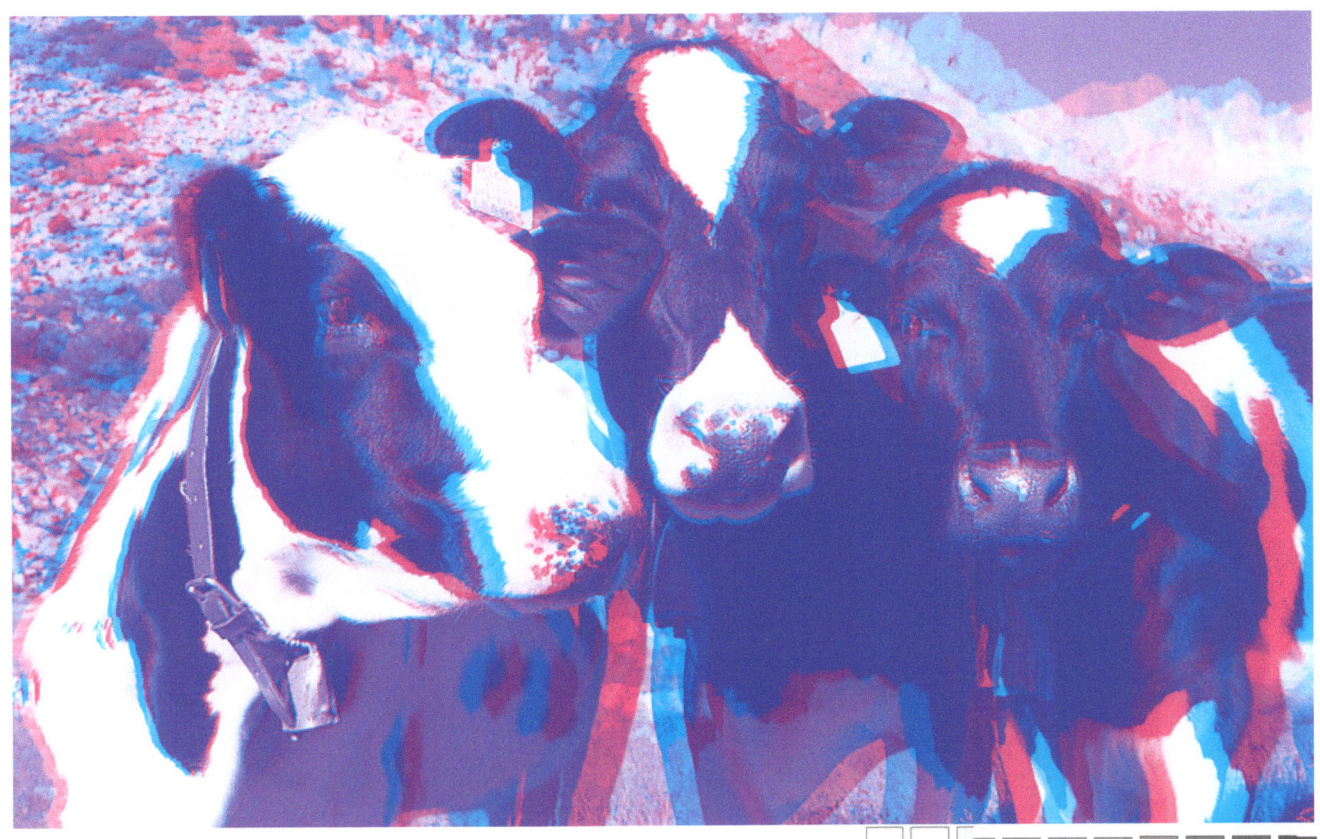

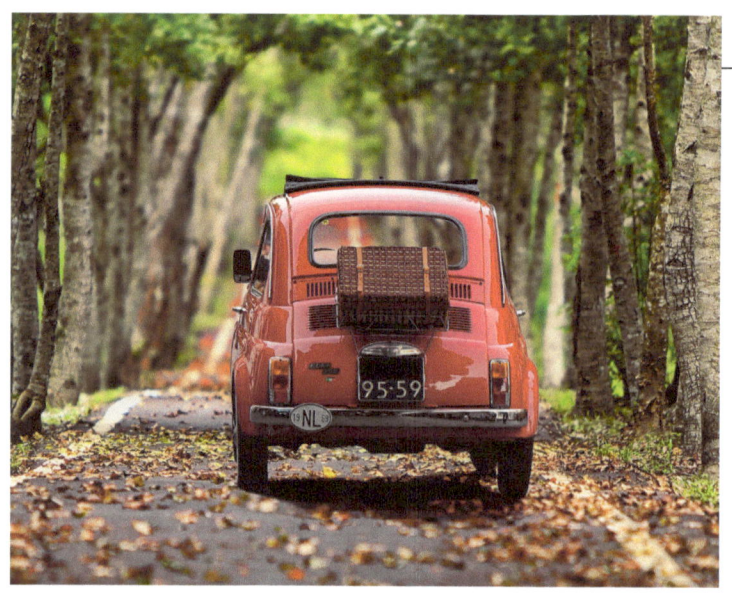

RGB 28

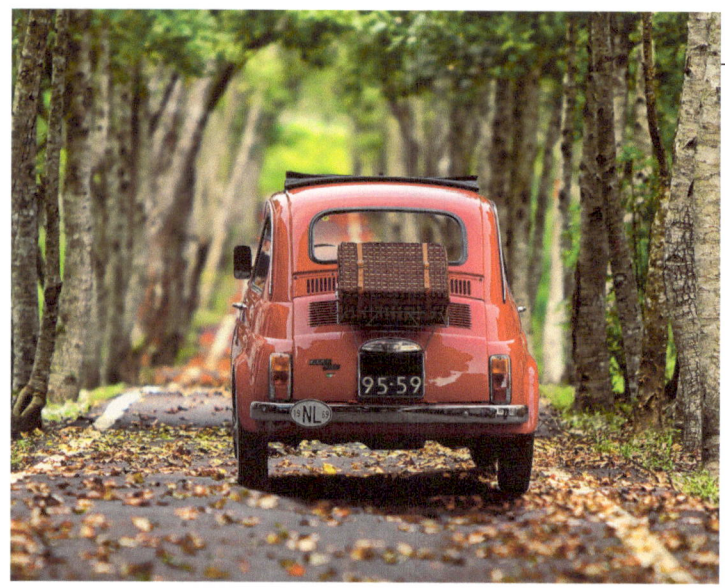

CMYK

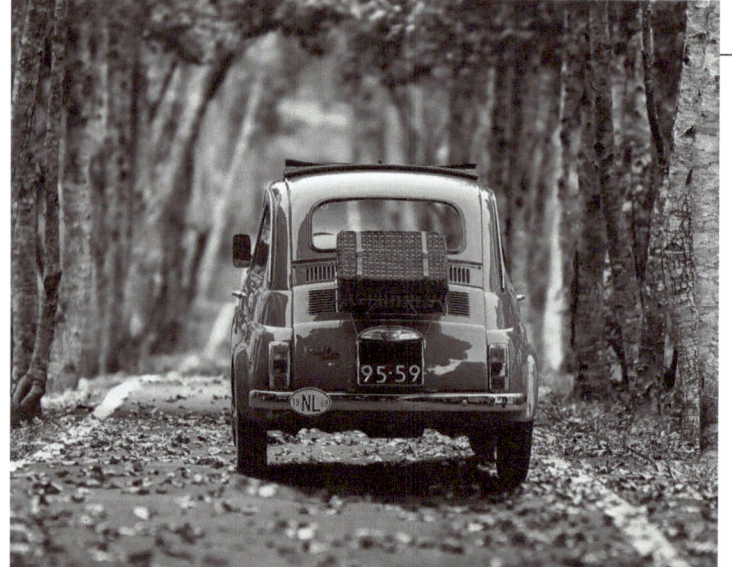

GRAYSCALE

RGB

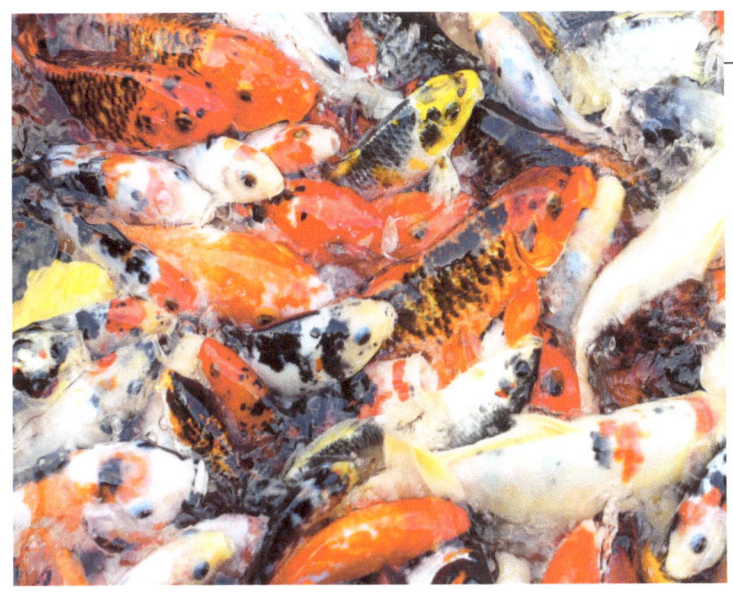

CMYK

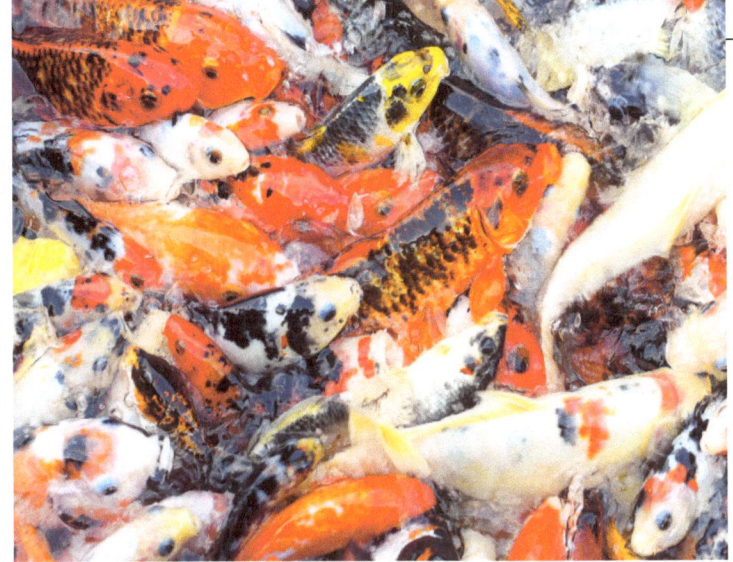

GRAYSCALE

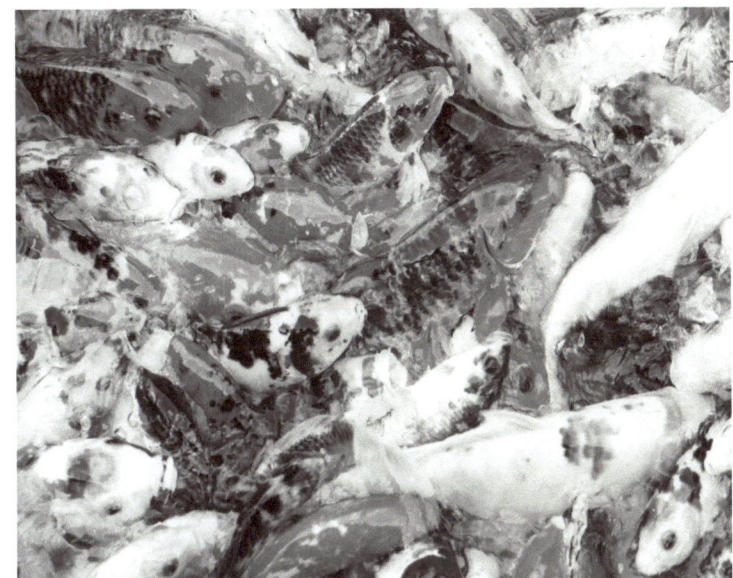

RISOLUZIONE

300 ppi

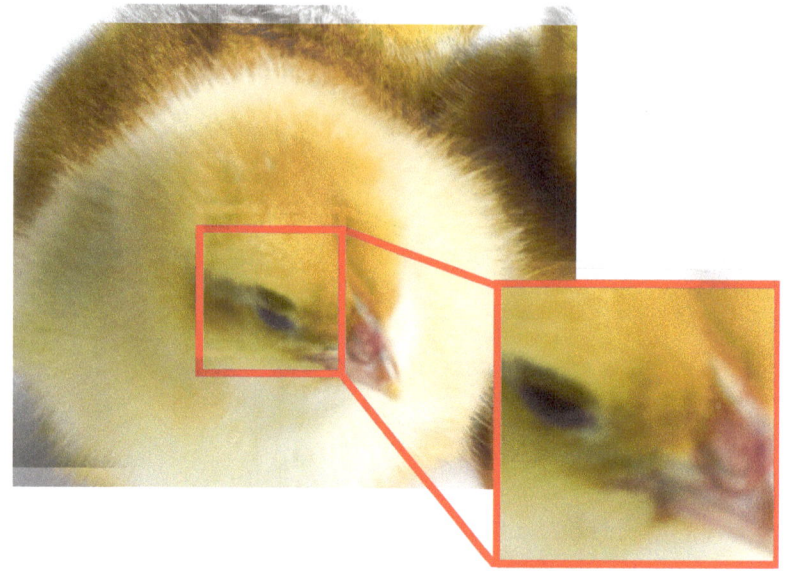

200 %

144 ppi

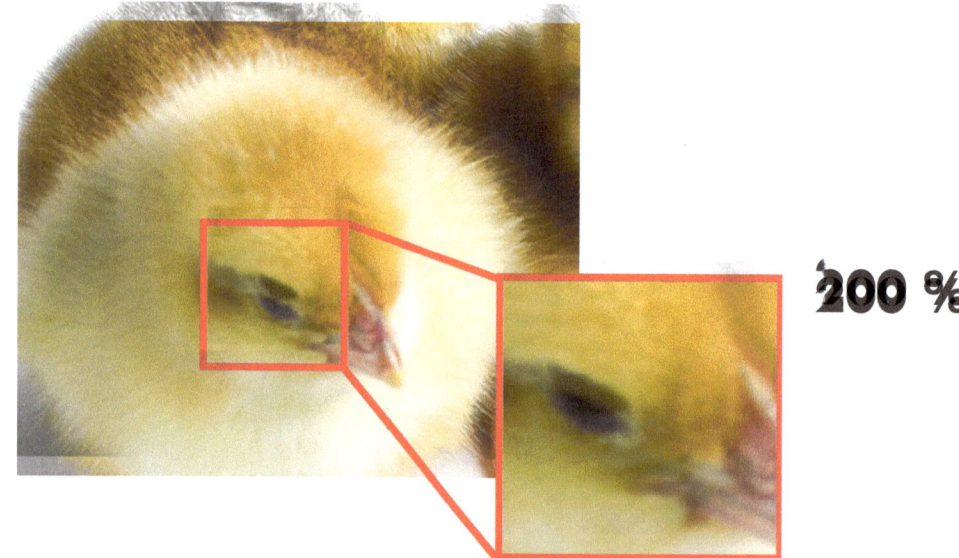

200 %

72 ppi

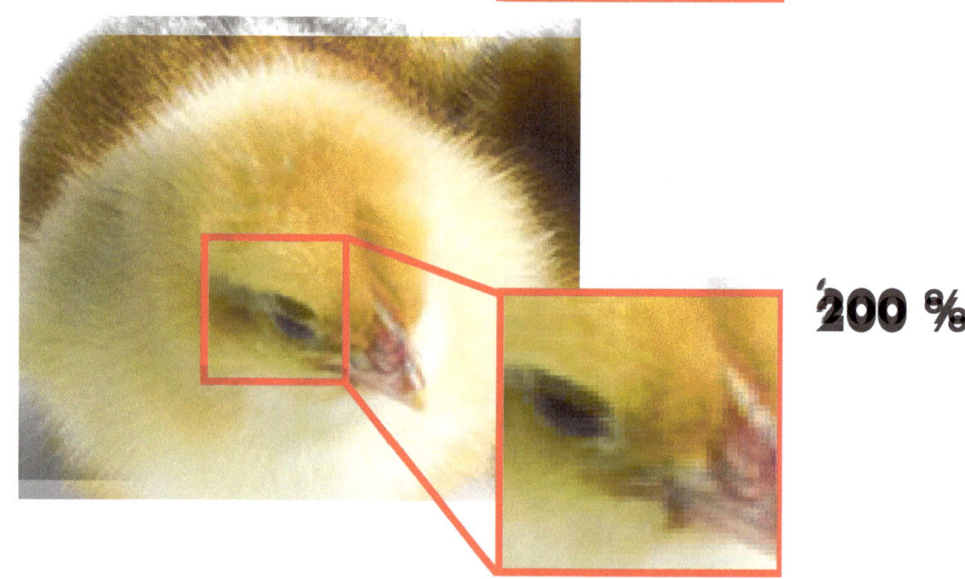

200 %

TESTI

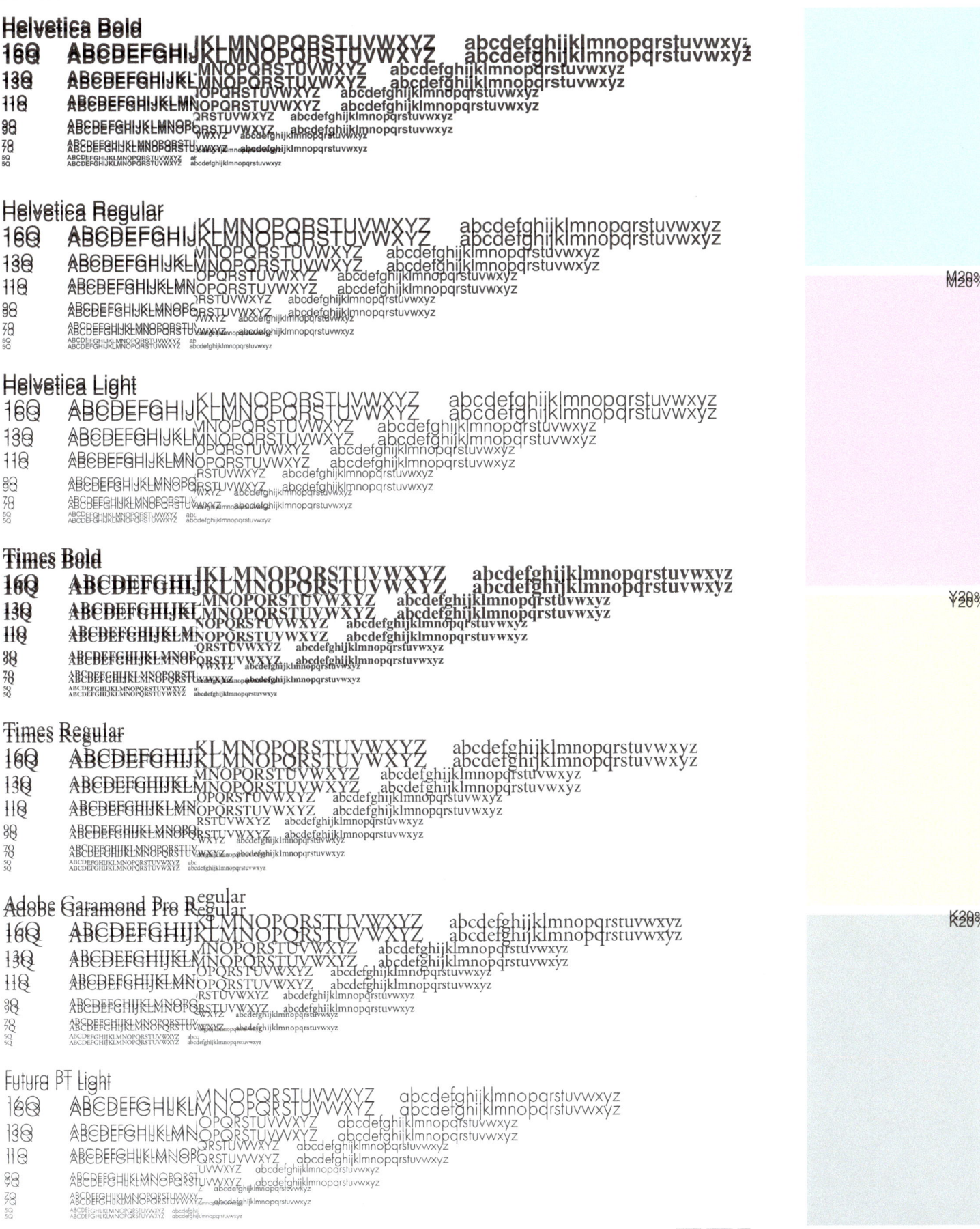

TESTO BIANCO SU FONDO NERO

NERO 4 COLORI CMYK | NERO 1 COLORE K

Lorem ipsum dolor sit amet, consectetur adipiscing elit. Vestibulum porttitor dui sed urna pulvinar id volutpat neque porttitor. Donec a mollis nulla. Proin ut rhoncus dolor. Phasellus vel arcu vel arcu vulputate ultrices. Aenean et hendrerit mauris. Nam nibh velit, varius in tempor in, porttitor quis dolor. Donec vel lectus. — 12/14

Lorem ipsum dolor sit amet, consectetur adipiscing elit. Vestibulum porttitor dui sed urna pulvinar id volutpat neque porttitor. Donec a mollis nulla. Proin ut rhoncus dolor. Phasellus vel arcu vel arcu vulputate ultrices. Aenean et hendrerit mauris. Nam nibh velit, varius in tempor in, porttitor quis dolor. Donec vel lectus. — 10/12

Lorem ipsum dolor sit amet, consectetur adipiscing elit. Vestibulum porttitor dui sed urna pulvinar id volutpat neque porttitor. Donec a mollis nulla. Proin ut rhoncus dolor. Phasellus vel arcu vel arcu vulputate ultrices. Aenean et hendrerit mauris. Nam nibh velit, varius in tempor in, porttitor quis dolor. Donec vel lectus. — 9/11

Lorem ipsum dolor sit amet, consectetur adipiscing elit. Vestibulum porttitor dui sed urna pulvinar id volutpat neque porttitor. Donec a mollis nulla. Proin ut rhoncus dolor. Phasellus vel arcu vel arcu vulputate ultrices. Aenean et hendrerit mauris. Nam nibh velit, varius in tempor in, porttitor quis dolor. Donec vel lectus. — 8/10

Lorem ipsum dolor sit amet, consectetur adipiscing elit. Vestibulum porttitor dui sed urna pulvinar id volutpat neque porttitor. Donec a mollis nulla. Proin ut rhoncus dolor. Phasellus vel arcu vel arcu vulputate ultrices. Aenean et hendrerit mauris. Nam nibh velit, varius in tempor in, porttitor quis dolor. Donec vel lectus. — 7/9

Lorem ipsum dolor sit amet, consectetur adipiscing elit. Vestibulum porttitor dui sed urna pulvinar id volutpat neque porttitor. Donec a mollis nulla. Proin ut rhoncus dolor. Phasellus vel arcu vel arcu vulputate ultrices. Aenean et hendrerit mauris. Nam nibh velit, varius in tempor in, porttitor quis dolor. Donec vel lectus. — 6/8

Lorem ipsum dolor sit amet, consectetur adipiscing elit. Vestibulum porttitor dui sed urna pulvinar id volutpat neque porttitor. Donec a mollis nulla. Proin ut rhoncus dolor. Phasellus vel arcu vel arcu vulputate ultrices. Aenean et hendrerit mauris. Nam nibh velit, varius in tempor in, porttitor quis dolor. Donec vel lectus. — 5/7

Lorem ipsum dolor sit amet, consectetur adipiscing elit. Vestibulum porttitor dui sed urna pulvinar id volutpat neque porttitor. Donec a mollis nulla. Proin ut rhoncus dolor. Phasellus vel arcu vel arcu vulputate ultrices. Aenean et hendrerit mauris. Nam nibh velit, varius in tempor in, porttitor quis dolor. Donec vel lectus. — 4/6

— 3/5

— 2/4

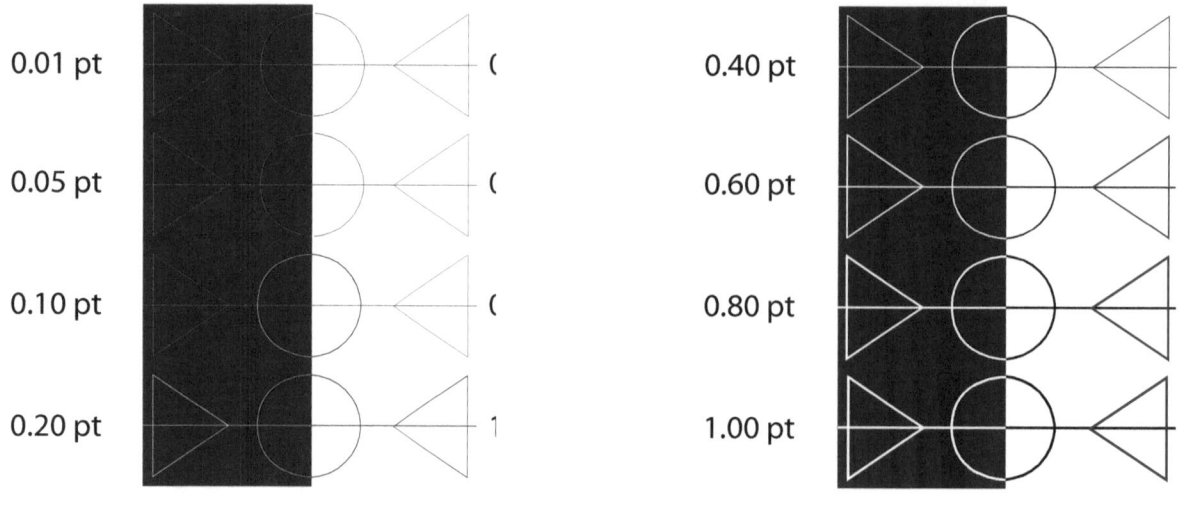

0.01 pt		0.40 pt
0.05 pt		0.60 pt
0.10 pt		0.80 pt
0.20 pt		1.00 pt

NERO SU BIANCO

0% 3%

4% 7%

8% 11%

2% 15%

NERO SU NERO 34

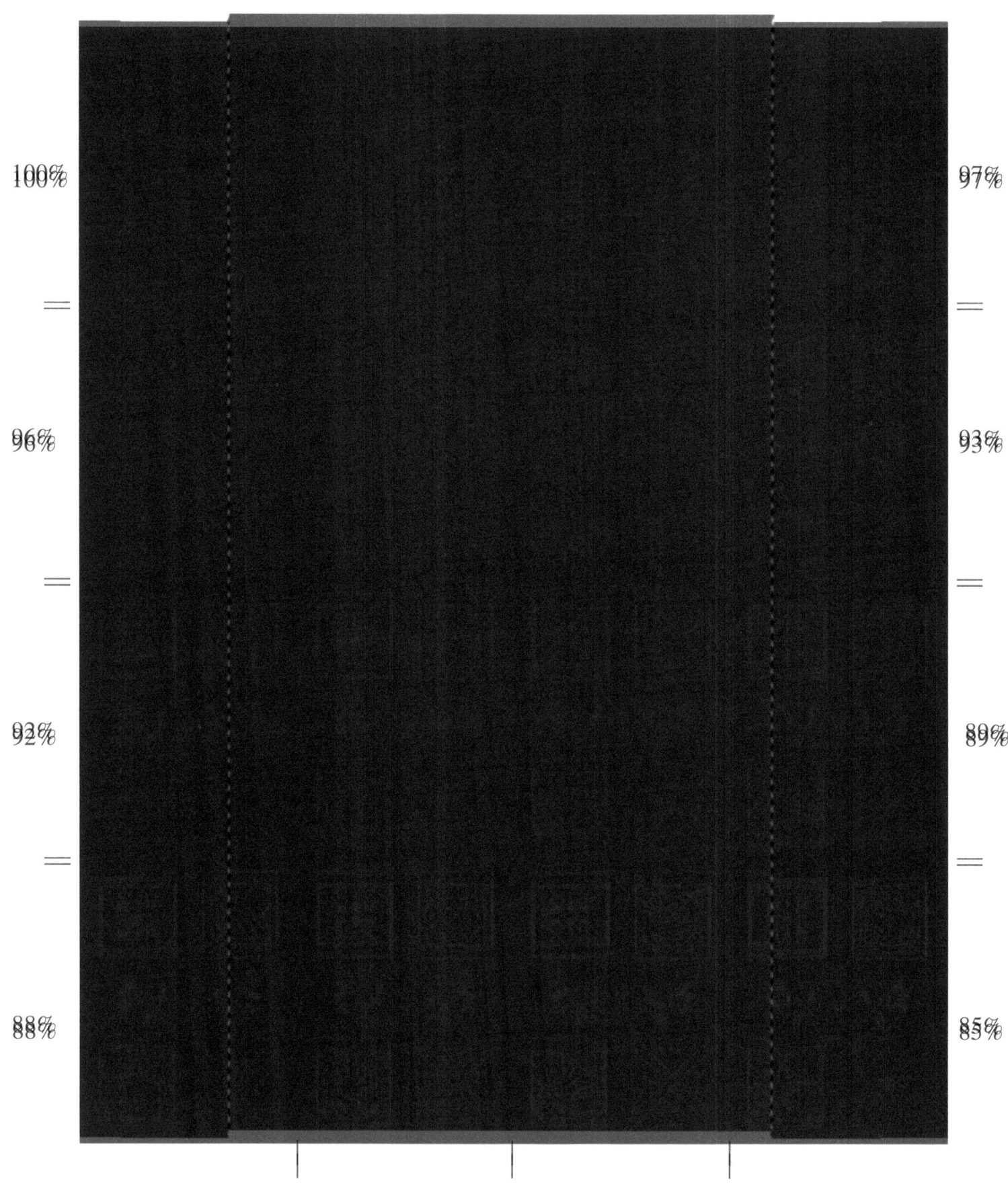

MESSA A REGISTRO

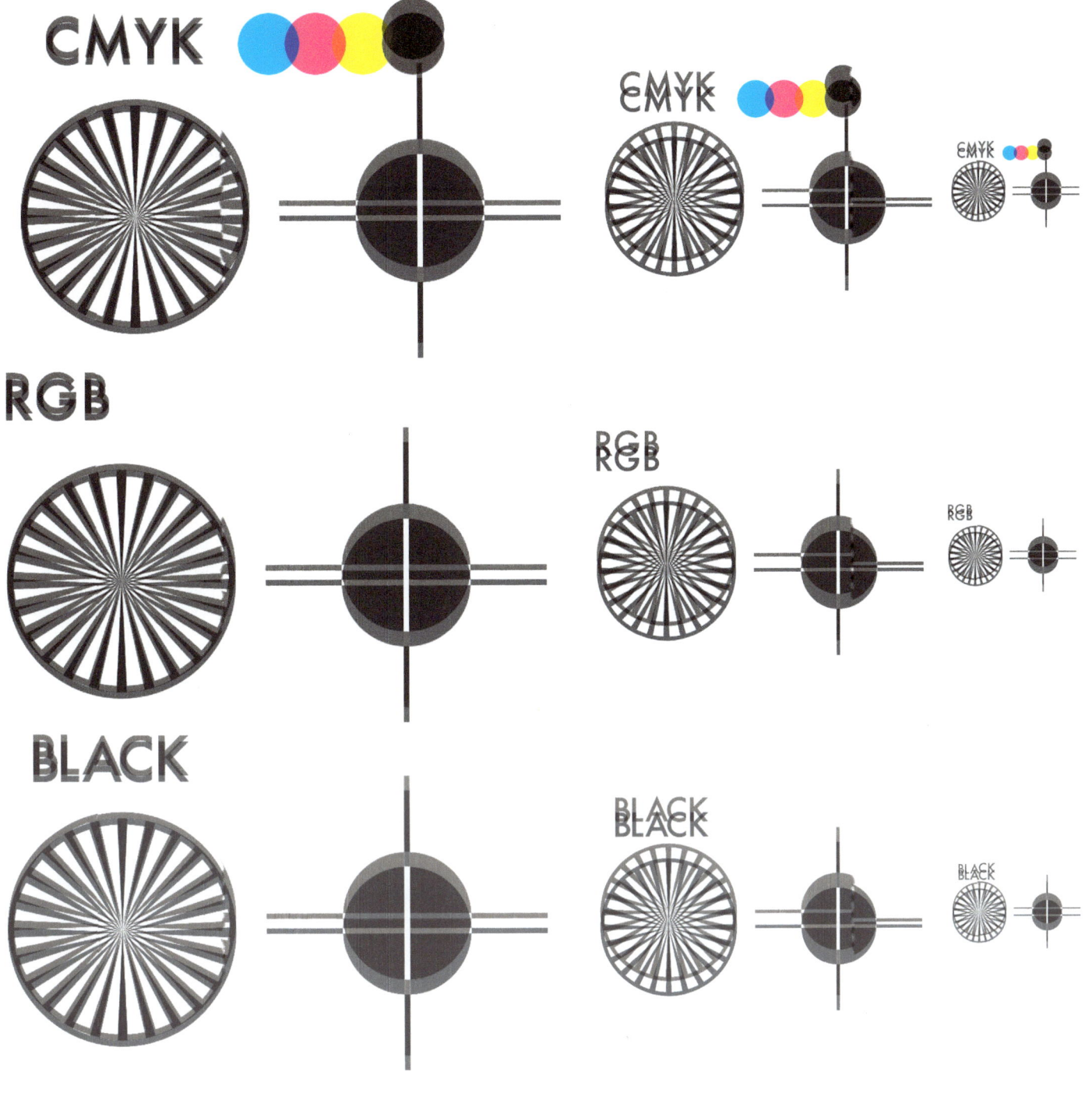

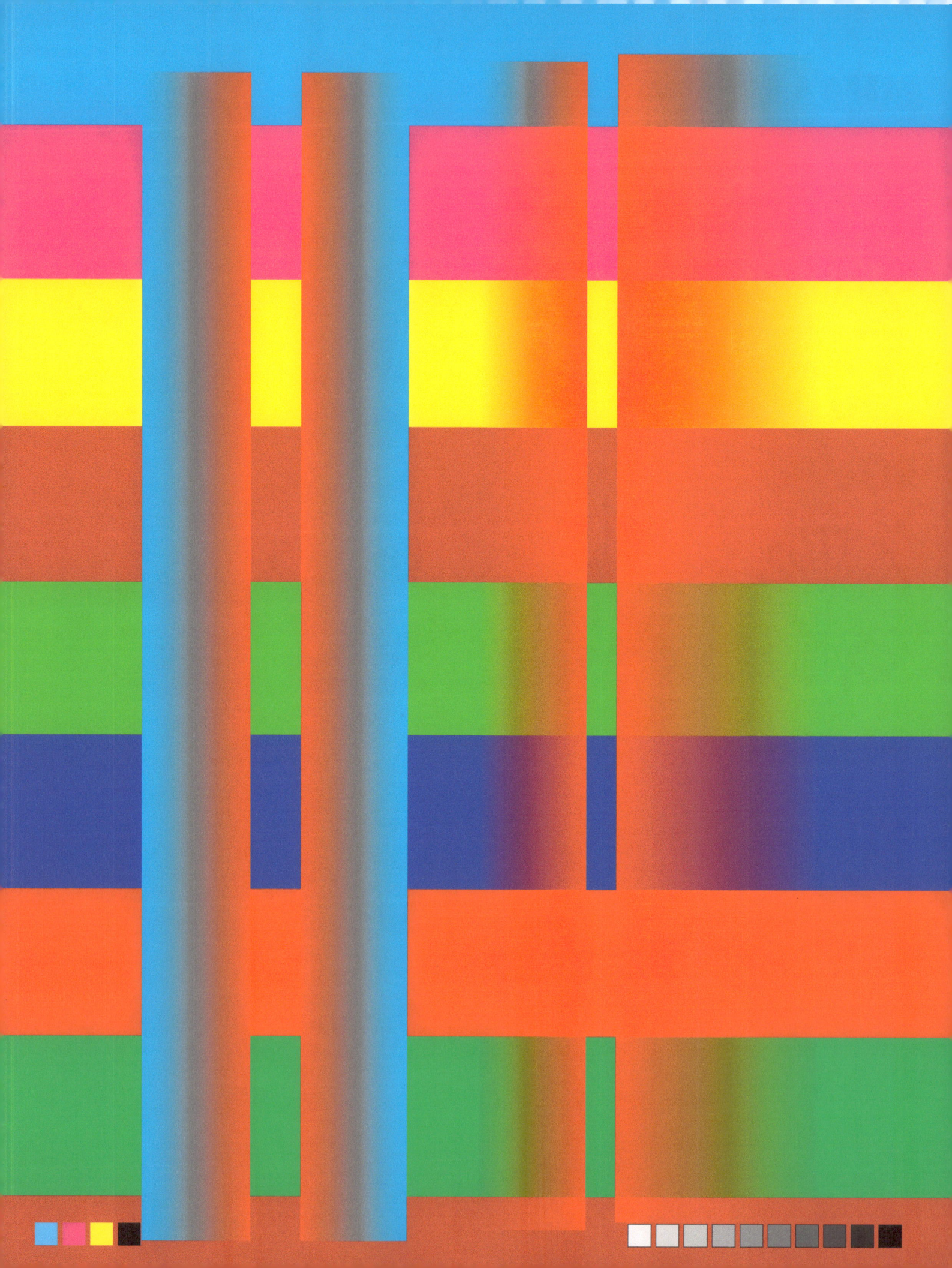

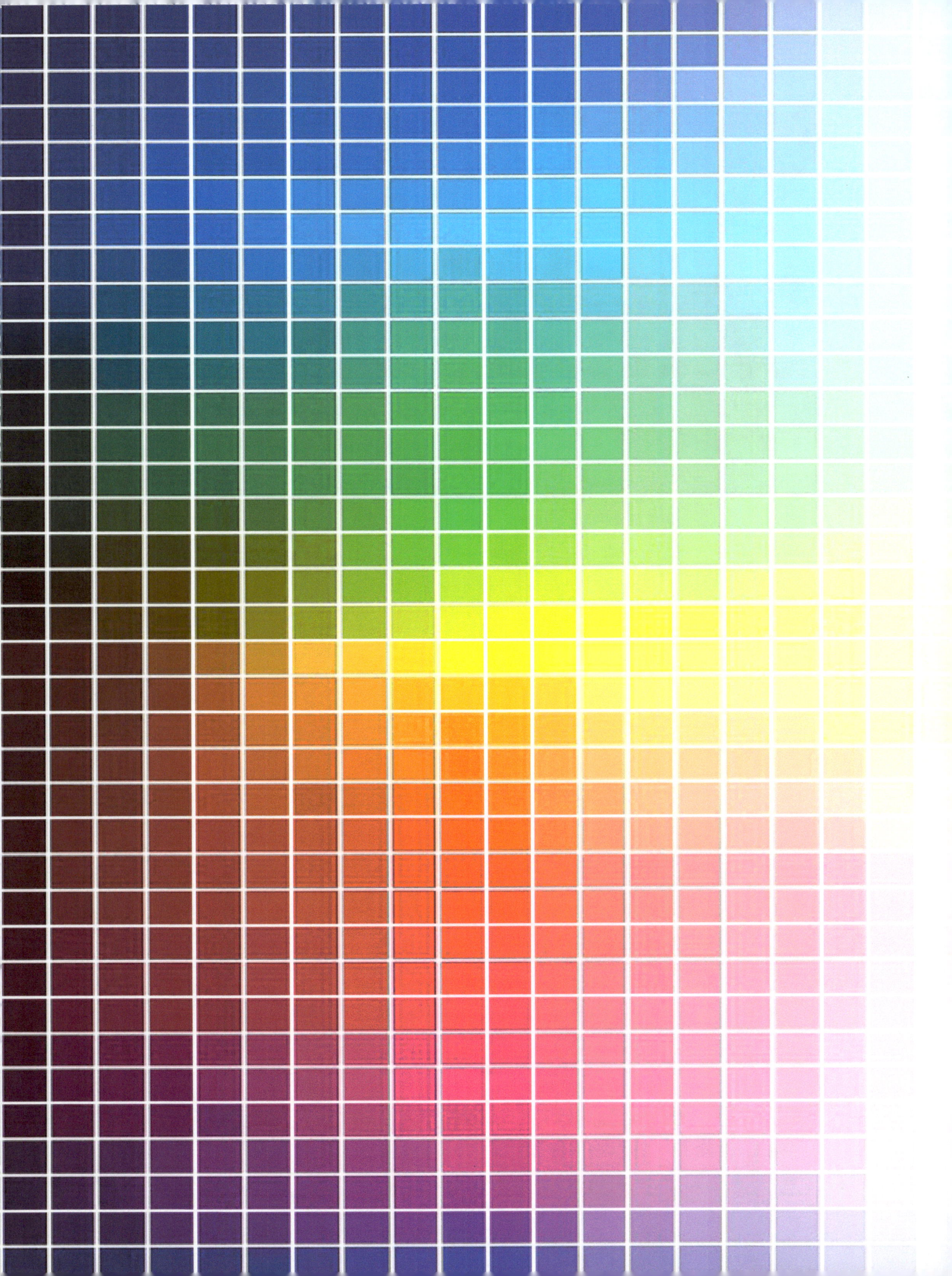

CMYK Color Chart

[CMYK (K = 0) value below color box; generic lookup table symbol number in upper left-hand corner of color box]

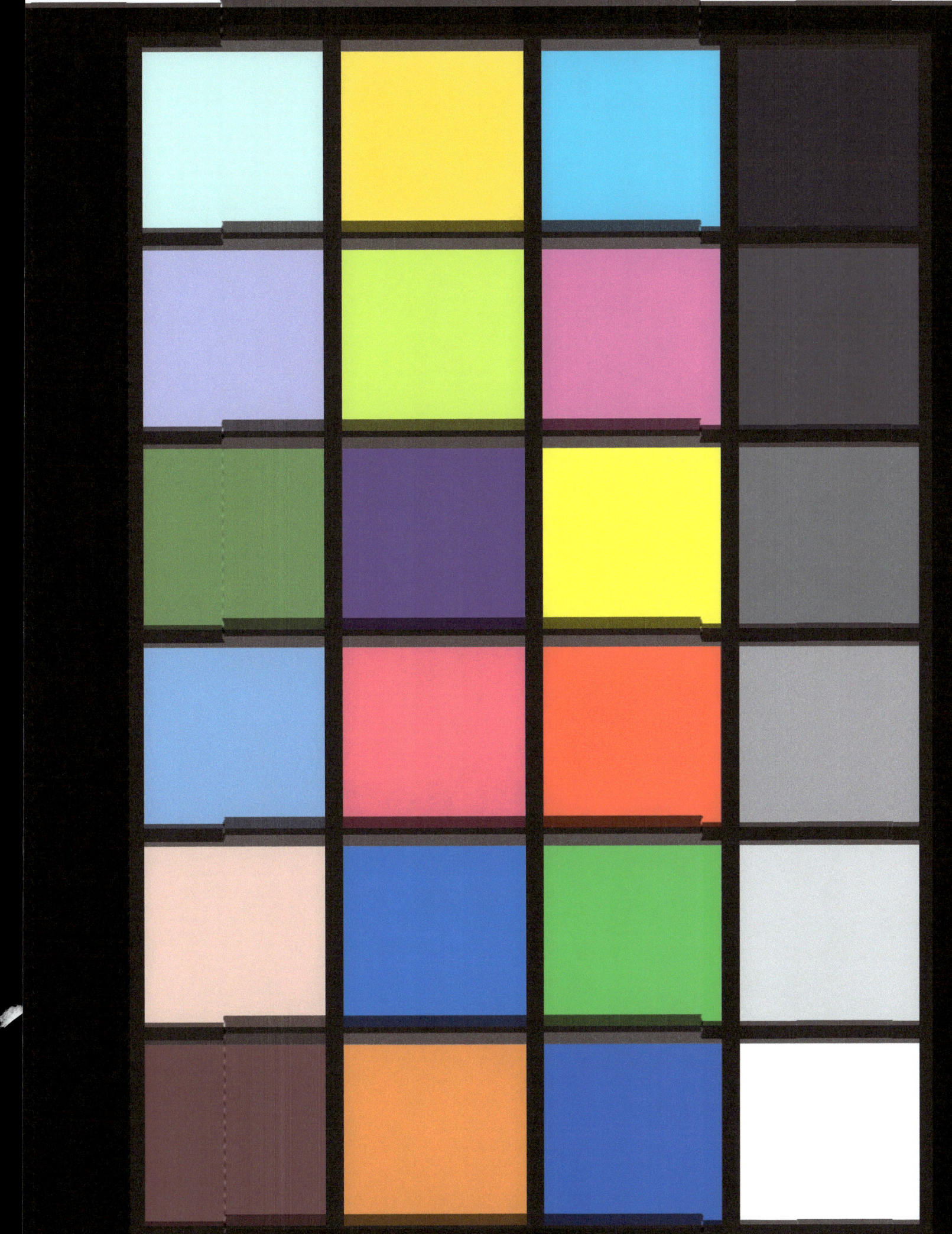

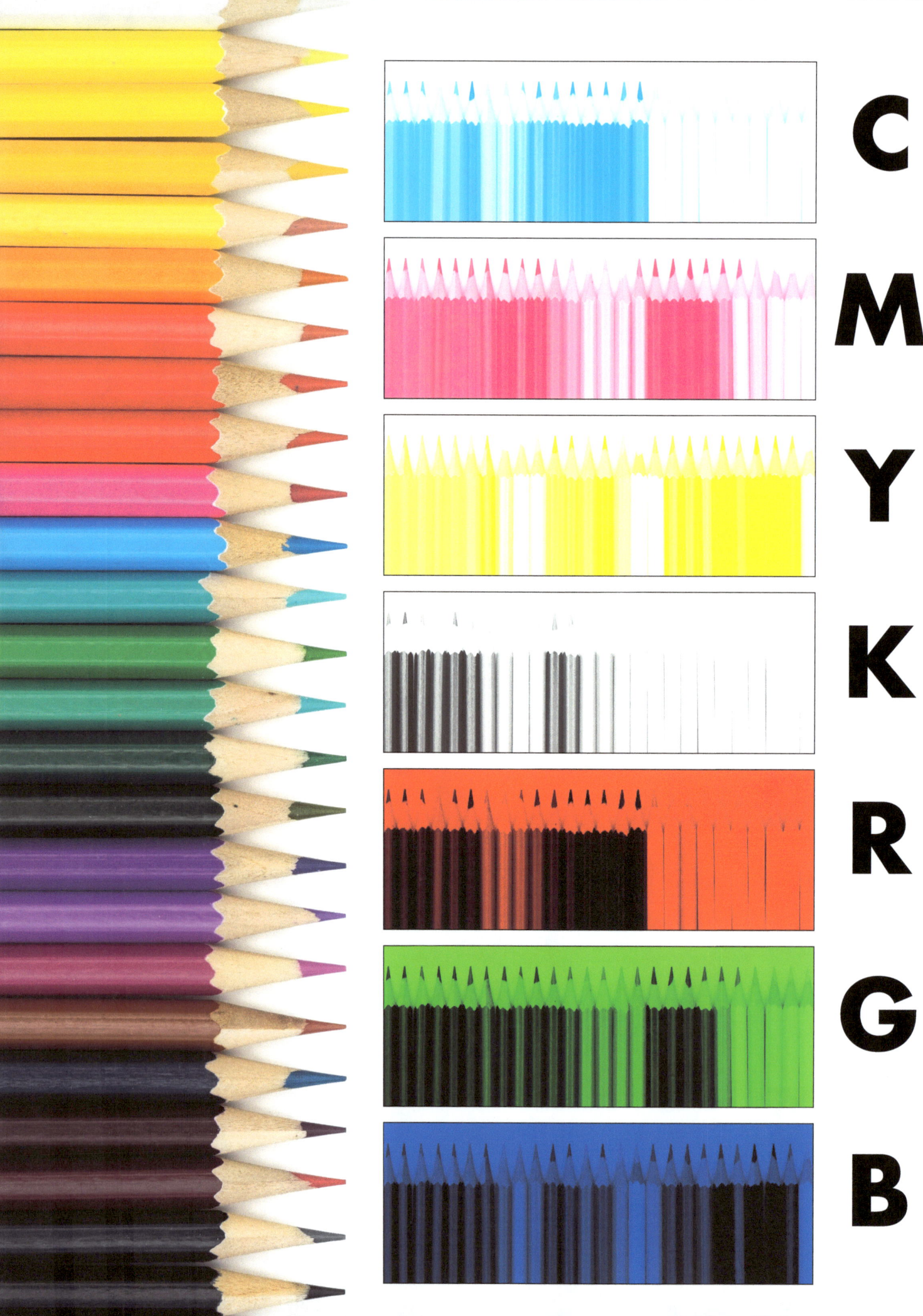

www.ingramcontent.com/pod-product-compliance
Lightning Source LLC
Chambersburg PA
CBHW051933210526
45473CB00006B/2234